公開霊言

谷沢永一の霊言

幸福実現党に申し上げる

大川隆法

RYUHO OKAWA

まえがき

二年ほど前に他界した、評論家にして書誌学者《しょしがくしゃ》の谷沢永一《たにざわえいいち》氏の帰天《きてん》後の霊言である。生前《せいぜん》、その謦咳《けいがい》に接する機会はなかったが、評論の鋭さには、鬼才《きさい》ぶりを感じていた。

『幸福実現党に申し上げる』という、いささか、こちらが身構《みがま》えるような題のスピリチュアル・メッセージとなったが、谷沢氏一流のやり方で私どもの運動に、気合いを入れつつ、励《はげ》ましてくれたのだろう。厳しさや、ユーモアの中にも、ある種の慈父《じふ》のような愛を感じた。

日本を取り巻く政治・経済・外交・軍事情勢とも、この三年半、幸福実現党で主張してきた通りに推移してきた。問題は、この国の国民が「正しさ」に鈍感《どんかん》で、「上手《じょうず》に嘘《うそ》をつける人」を「優秀な政治家」と考えるらしいことだ。正論を吐《は》く人が大人《おとな》げない、青臭《あおくさ》い人に見えるのだろう。啓蒙《けいもう》していくしかあるまい。

二〇一三年　二月七日

幸福《こうふく》の科学《かがく》グループ創始者兼総裁《そうししゃけんそうさい》
幸福実現党総裁《こうふくじつげんとうそうさい》

大川隆法《おおかわりゅうほう》

幸福実現党に申し上げる　目次

幸福実現党に申し上げる
――谷沢永一《たにざわえいいち》の霊言《れいげん》――

二〇一三年一月十一日　収録
東京都・幸福の科学総合本部にて

5 **「国防強化」を訴え続けよ！**　118

「霊言現象《れいげんげんしょう》」とは、あの世の霊存在の言葉を語り下ろす現象のことをいう。これは高度な悟《さと》りを開いた者に特有のものであり、「霊媒現象《れいばいげんしょう》」（トランス状態になって意識を失い、霊が一方的にしゃべる現象）とは異なる。

なお、「霊言」は、あくまでも霊人の意見であり、幸福の科学グループとしての見解と矛盾《むじゅん》する内容を含《ふく》む場合がある点、付記しておきたい。

幸福実現党に申し上げる

——谷沢《たにざわ》永一《えいいち》の霊言《れいげん》——

二〇一三年一月十一日　収録

東京都・幸福の科学総合本部にて

谷沢永一《たにざわえいいち》（一九二九〜二〇一一）

日本の評論家、書誌学者。大阪府《おおさかふ》生まれ。関西大学文学部を卒業後、一九六九年に同教授となるものの、一九九一年に、定年より九年早く退職して名誉《めいよ》教授となる。読書家、蔵書家として知られ、保守の論客としても活躍《かつやく》した。代表的な著書に『紙つぶて』『人間通』『司馬遼太郎《しばりょうたろう》の贈《おく》りものⅠ〜Ⅴ』『悪《あく》魔《ま》の思想』、渡部昇一《わたなべしょういち》氏との共著に『読書談義』『人生に活《い》かす孟子《もうし》の論法』『人生は論語に窮《きわ》まる』『「宗教とオカルト」の時代を生きる智恵《ちえ》』等がある。

質問者　※質問順

矢内筆勝《やないひっしょう》（幸福実現党党首）

江夏正敏《えなつまさとし》（幸福実現党幹事長 兼《けん》 選挙対策委員長）

加藤文康《かとうぶんこう》（幸福実現党総務会長）

［役職は収録時点のもの］

1　谷沢永一氏に「幸福実現党」について訊《き》く

「幸福実現党の今後の指針」を出すべき時期

大川隆法　幸福実現党が第四回戦（二〇一三年の参院選）に向かうに当たって、今は、何らかの考え方や指針を出さなければいけない時期なのではないかと思います。党首も代わりましたから、自分たちで考えてもよろしいんですけどね。

幸福実現党が出している政策そのものは、現実に、自民党政権になってから、ほとんどそのとおりの方向で動いています。言っていたことは間違《まちが》っていなかったと思いますし、「その方向しかない」という感じで動いていること自体は、結構なことだと思っています。

ただ、本当に、具体的にやれるかどうかの問題は残っているでしょう。いずれにせよ、幸福実現党としては、まだまだ、今後の活動方針や運動方針について、あるいは、哲学《てつがく》について考える時期は必要なのではないかと考えています。

谷沢氏は生前、幸福の科学についてコメントしなかった

大川隆法　今日は、特に、それほど仕事をしたい気分ではなかったのですが（笑）、午前十一時ごろに、谷沢永一さんのことが少し気になってき始めました。谷沢さんは、二年ほど前、二〇一一年の三月八日に八十一歳《さい》で亡《な》くなられた、辛口《からくち》の評論家としても有名な方ですね。

この方のことが少しイメージされて、何か意見を言ってくださりそうな感じを受けました。

生前は、幸福の科学や私について、特別なコメントはなされなかったと思います。というのも、この人は、「蔵書家、読書家に対しては、悪口を言わない」という主義を持っておられたからです。

そのおかげで、何とか身を守れたのかもしれません。「斬《き》り捨て御免《ごめん》」という感じで、けっこう厳しいことを言う場合もあったので、いちおう用心はしていたのですが、特に何もおっしゃらなかったと思います。

かすかに記憶《きおく》にあるものとしては、渡部昇一《わたなべしょういち》さんとオカルトについて対談をされたなかで、渡部さんがおっしゃったことに対し、相槌《あいづち》を打たれる程度の反応をされたぐらいです。

それは、主として、渡部さんの自慢《じまん》話でした。渡部さんは、「自分は、大川隆法さんと対談をした唯一《ゆいいつ》の日本人だ。その後、大川隆法さんは、二十年ぐらい、誰《だれ》とも対談をしていない」と言って自慢しておられたのです。最近は、当会の幹部を出してきて、対談したりはしていますが、当時はそのとおりでした。

また、渡部さんは、その対談のなかで、「大川隆法さんは、影響《えいきょう》を受けた本として、自分（渡部昇一）の本しか挙げていない」ということも少し自慢しておられて、それを、谷沢さんが「うんうん」と言って聞いておられたようですが、特に価値判断は何もなされなかったように思います。

二十万冊の蔵書を誇《ほこ》る「日本最大の蔵書家」の一人

大川隆法　谷沢さんの蔵書は、一説には二十万冊とも言われていますが、ただ、「それは阪神大震災《はんしんだいしんさい》までだ」という説もあります。「震災で書庫がかなり被害《ひがい》を受け、本の山に押《お》し潰《つぶ》されそうになって命の危険を感じたため、雑本をだいぶ処理した」というように聞いています。
渡部昇一さんも十五万冊ぐらい持っておられますし、あとは、井上《いのうえ》ひさしさんが生前に二十万冊ぐらい持っておられたようです。だいたいこのあたりが、日本でいちばん蔵書の多い人たちでしょう。

立花隆《たちばなたかし》さんは、「昔は三万数千冊だったが、今はもう少し増えて、八万冊ぐらいはある」というようなことを本に書いていたと思いますが、最近は十万冊になったようです。

蔵書が十万冊を超《こ》えるのはなかなか難しいことで、それは、家に本の置き場を確保できなくなるからです。

学者で、だいたい五十坪《つぼ》ぐらいの二階建ての家に住んでいる場合、置ける本は三万冊あたりが相場です。実際、政治学者の丸山眞男《まるやままさお》さんや、仏教学者の中村元《なかむらはじめ》さん等は、蔵書が三万冊ぐらいでした。だいたい、このくらいしか置けないものです。普通《ふつう》の学者の場合は、一万冊もあればいいほうでしょう。

したがって、本の置き場に苦しんでいる蔵書家は多いと思います。

「精読」と「多読」を両立できた数少ない読書家

大川隆法　谷沢永一さんは、書誌学が専門で、古い書物の校訂《こうてい》をしたり、チェックをしたり、いろいろと細かく読み込《こ》む仕事をしておられたので、ものすごく細かい本の読み方をなされます。

研究の対象は、主に、江戸《えど》時代や、明治、大正、昭和前期あたりの古い本で、なかなか手に入らないものが多いのです。そういうものを集めて、ご本人には満足なところもあったと思います。

以前、私も、それらの本を秘書に手分けして探させたのですが、手に入らないものが多かったですね。やはり、昭和前期以前の本になりますと、そう簡単には手に入らないものが多いのです。

また、この人の書いたものを読んでも、とにかく旧字体の引用文が多いので、それほどスラスラとは読めず、「英語のほうが読みやすいかもしれない」と感じることが多かったと思います。

谷沢さんは、そうした訓詁学《くんこがく》的な読み方をし、精読をしながら、同時に、多読もされていました。この精読と多読を両立させるのは実に難しいことであり、それができる人は、そんなに数多くはいません。

たくさんの本を書いたり、いろいろな発言をしたりする人のなかには、そういう人もいますが、数としては非常に少ないのです。

彼は、その両方ができた人で、細かく読むときには非常に厳しい目で読まれますが、現代の本もいろいろと読んでおられて、時折、政治や経済についての発言もなされていました。

私に対しては、確か、『大悟《たいご》の法』（幸福の科学出版刊）を出したときだったと思いますが（二〇〇三年）、彼の守護霊《しゅごれい》が一度だけ意見を言いに来られたことがあります。そのときに、「『大悟の法』を五回ほど読み返してみたけれども、一カ所も誤りが見つからなかった」というようなコメントを頂き、うれしく受け止めさせていただきました。

『大悟の法』には、やや仏教史に近い内容がありましたので、「仏教史的に見て間違っていないかどうかを、繰《く》り返しチェックしてみたけれども、一カ所も間違っていなかった」と言ってくださったことがあります。守護霊からではありますが、そういうことが一回だけありました。

「バブル潰《つぶ》し」を明確に批判した谷沢氏

大川隆法　そのほかに、谷沢さんに関して印象的なこととしては、以前にも少し述べたことがありますが（『平成の鬼平《おにへい》へのファイナル・ジャッジメント』〔幸福実現党刊〕参照）、いわゆる「バブル潰《つぶ》し」に関する発言です。

一九九〇年ごろに「バブル」が起きたとき、「地価や株価が高騰《こうとう》したのは許せない」「『東京都の地価でアメリカ全土が買える』なんて許せない」などと言って、マスコミによる「バブル潰し」の大合唱が起きました。

その「バブル潰し」の張本人は、当時の大蔵省の土田《つちだ》銀行局長と、日銀の三重野《みえの》総裁の二人ですが、マスコミや世間《せけん》は、彼らのほうが正しいと考えていて、「バブル潰し」を応援《おうえん》していました。

これを明確に批判したのは、私が知るかぎり、この谷沢永一さんと、渡部昇一さん、長谷川慶太郎《はせがわけいたろう》さん、そして大川隆法の四人しかいません。それ以外にはいなかったのです。

実は、この四人とも、本をよく読むタイプの人間であり、蔵書家です。蔵書するためには、土地や建物など、本の置き場を確保しなければならないので、私有財産否定型のマルクス主義で行かれると、みな仕事ができなくなるタイプであるわけです。その意味で、非常に敏感《びんかん》であったかと思います。

世間では、「バブル潰し」を喜んでいて、誰もが平等に貧しくなったら、それで満足だったのかもしれませんが、要するに、それは、実際上、「憲法で保障されている私有財産を召《め》し上げる」ということなのです。「これは私有財産の〝ぶっ潰し〟だ」という点で、四人の意見は一致《いっち》していました。

しかし、蔵書の置き場を確保する必要性を感じていない、普通のサラリーマン生活をしている人にとっては、高額の収入があることの意味は分からなかったと思われます。

例えば、作家の司馬遼太郎《しばりょうたろう》さんは、『竜馬《りょうま》がゆく』を書く際に、「神田界隈《かんだかいわい》の古本屋から坂本龍馬《さかもとりょうま》関係の本が全部姿を消した」と言われるぐらい、トラックで運び出すほどの資料を買っていたようです。こういう人々は、「一定の印税を当てにして、一千万円単位で資料を買い込む」ということができていたわけで、一般《いっぱん》のサラリーマンとは違う発想を持っていたのだと思います。

「土地バブル」を通達一本で潰《つぶ》した張本人を糾弾《きゅうだん》した鋭《するど》い筆鋒《ひっぽう》

大川隆法　話を戻《もど》しますと、土田銀行局長は、バブル崩壊《ほうかい》後、国民金融《きんゆう》公庫（現・日本政策金融公庫）の副総裁に天下《あまくだ》っていたのですが、谷沢さんは、総合月刊誌「Voice《ボイス》」（ＰＨＰ研究所刊／一九九四年六月号）に、「自分のしたことによって、どれだけ国民の財産が減ったか、本当に分かっているのか」というような批判を書きました。

ところが、どうも、土田元局長が、それを読んでいないようだったため、今度は産経新聞の「正論」欄《らん》に、「あまり総合誌や本をお読みにならないようだから、もう一回、新聞のほうにて書かせていただく」ということで、同様の批判を書いたのです。

土田元局長は、銀行局長としての通達一本で、土地関連融資に総量規制をかけたわけですが、当時は、銀行のほうから、「土地を買うためなら、いくらでもお金を貸しますよ。土地はすぐに値上がりするので、担保価値としては減りません」ということで、ほとんど罠《わな》のように誘惑《ゆうわく》をかけてきて、必要のない土地をたくさん買わせていました。そのせいで、土地がどんどん値上がりしていたのですが、この土地融資に対して上限規制をかけ、銀行からの資金の供給を絞《しぼ》ったわけです。

このときに、もちろん、日銀もタイアップして、金融の引き締《し》めを行い、資金を絞ってきました。

これらによって、「土地バブル」を潰《つぶ》し、さらに、三万九千円台にまで上がっていた株価を一気にぶっ潰して下落させてしまった結果、国民の財産は半分以下になってしまいました。

こういうことを、一人や二人の判断で行ったわけですが、それに対して、谷沢さんは、「そのやり方は民主主義的手続きをまったく経ていない。大蔵省の銀行局長は、国民の投票で選ばれたわけではないのに、その人の判断による通達に対し、銀行は全部言うことをきいた。こういうことを一方的にやれるのはおかしい」という趣旨《しゅし》のことを、産経新聞に書いたのです。

土田元局長は、さすがに新聞のほうは読んだのか、その後、職を辞したのを覚えています。非常に鋭《するど》い筆鋒《ひっぽう》だったと思いますね。

そういう意味で、谷沢さんは、書誌学者として、近世・近代の文学研究者であるにもかかわらず、現実の政治についても意見を述べ、経済政策に携《たずさ》わった人が責任を取っていないことに対して糾弾《きゅうだん》したりもするような人でした。

書誌学的に攻《せ》めるタイプには「反論」が難しい

大川隆法　このように、言論等について問題がある人に対しては、「Voice」誌の「巻末御免《ごめん》」というコラムなどで、けっこう厳しく糾弾していた方なので、「当会も、いつ、やられるかな」と思ってビクビクしていたのですが、何とか見逃《みのが》していただいているうちに帰天《きてん》されたような状況《じょうきょう》です。

この人は、とにかく書誌学的に古い文献《ぶんけん》から引用して攻《せ》めてくるため、こちらが持っていない文献については反論ができず、けっこう大変なのです。古い本は、そんなに集められませんからね。

私も、本はかなり持っているのですが、東京のほうに全部は置けないので、日本文学や世界文学の本、あるいは、少し前の時代の経済や政治の本、科学関係の本などは、宇都宮《うつのみや》の総本山《そうほんざん》のほうにも置いてあります。東京には、よく使うものを中心に集めてあるのです。

そのように、本を三カ所ぐらいに分けて置いてあるため、書誌学的に攻めてこられた場合、文献が手元に十分にはない状態だったのですが、幸い、何も言われることなく、あの世に還《かえ》られました。

何しろ、「自分が採用した言葉を『広辞苑《こうじえん》』が載《の》せなかった」ということで、『広辞苑』を批判し、その悪口を述べた本を怒《おこ》って書くぐらいの方なので、怖《こわ》いことは怖いですよね。

幸いにして、洋学というか、外国の文献については、中国以外のものを、それほど勉強されていませんでした。そちらの方面には手を出されなかったようではあります。

保守の論客・谷沢永一氏を招霊《しょうれい》する

大川隆法　以上が前置きです。

生前は、当会に対しては沈黙《ちんもく》なされていたので、幸福の科学や幸福実現党について、どの程度ご存じだったかは分かりませんが、天上界《てんじょうかい》に還ってからは見ておられると思います。今なら、忌憚《きたん》のない意見を聞けるのではないでしょうか。

特に、今回、幸福実現党の新党首となった矢内《やない》さんに関心を持っていらっしゃるらしく、それで出てこられたようです。まあ、楽しみにしてみたいと思います。

（質問者に）よろしいですか。

今回のテーマは、多少、マゾ的ですし、「自ら斬られに出てくる」という感じではありますが、もしかすると、谷沢さんは「隠《かく》れシンパ」かもしれません。彼の仲間を見れば、「隠れシンパ」である可能性も高いので、そうであれば、幸福実現党への隠れた応援になるかもしれません。

いずれにしても、二年前に亡くなられたばかりで、多くの人が知っている方ですから、「霊界《れいかい》の実証」にもなるでしょうし、現代の政治や経済、世界のあり方についての観点を持っておられるため、いろいろと参考になると思います。

ご自身も、若いころは共産主義の活動をしておられたようですが、その後、「悪魔《あくま》のサイクル」としての共産主義の考え方については、極《きわ》めて厳しい批判を展開しておられましたので、このへんについては、当会と〝共振《きょうしん》〟するところはあるのではないかと思っています。

総論としては以上です。

（質問者に）では、始めましょうか。

（合掌《がっしょう》し、瞑目《めいもく》する）

それでは、二年ほど前にお亡くなりになり、帰天された、評論家の谷沢永一先生をお呼び申し上げたいと思います。

谷沢永一先生よ。

本日の演題は、「幸福実現党に申し上げる」という題でございます。

われらは、幸福実現党を立ち上げて活動しておりますが、世論《せろん》に影響を与《あた》えることはできても、政党としては、まだ一定の成果を挙げておりません。

どうぞ、天上界からの視点で、われらに対して意見がありましたら、忌憚のない批判をしてくださって結構でございますので、新しい党首以下、政党幹部を鍛《きた》えてくだされば、心よりありがたく思います。

谷沢永一先生の光、流れ入《い》る、流れ入る、流れ入る、流れ入る、流れ入る、流れ入る、流れ入る、流れ入る、流れ入る……。

（約十五秒間の沈黙）

2 「正論」を貫《つらぬ》き通せ！

幸福実現党に意見を言うべき時期が来た

谷沢永一　ウアッ！　うーん。こんな呼び方をするか。うーん。

矢内　谷沢永一先生でいらっしゃいますでしょうか。

谷沢永一　それはそうだろうよ（会場笑）。

矢内　ありがとうございます。

谷沢永一　名前を呼んだんだから、ほかにないだろうが。

矢内　（笑）このたびは、こういった機会を頂き、心より感謝申し上げます。
私は、このたび、幸福実現党の新しい党首になりました矢内筆勝《ひっしょう》と申します。
谷沢先生が、ご生前、批判をされていた朝日新聞から〝脱藩《だっぱん》〟した者でございます。

谷沢永一　おお、悪魔《あくま》の新聞社から、脱藩したんだな？（会場笑）

矢内　はい！　そうでございます。

谷沢永一　ああ、よしよし。それはよかったわ。地獄《じごく》に行かんで済んだな。

矢内　はい！

私は、幸福の科学に出家《しゅっけ》させていただいてから、谷沢永一先生や渡部昇一《わたなべしょういち》先生の書籍《しょせき》を中心に勉強させていただきまして、ようやく、左翼《さよく》思想から脱することができました。

谷沢永一　いやあ、君ぃ、私は、君を責めるつもりで出たわけじゃないんだけどね。まあ、「全体的なことで、何か言うべき時期が来たかな」と思ったので出ただけで、そんなに最初から懺悔《ざんげ》しなくても……。

矢内　いえいいえ（会場笑）。

谷沢永一　君ぃ、それは打ち込《こ》まれてから言ったらいいのであって（会場笑）、先に謝《あやま》ったら、あんた、議論にならんじゃないか。

矢内　谷沢先生には、心より感謝しております。

谷沢永一　ああ……。

「人間通《つう》」という言葉を『広辞苑《こうじえん》』に載《の》せるべきだ

矢内　今日は、ぜひ、いろいろなかたちで、ご指導いただければと思います。

特に、幸福実現党につきましては、立党して四年弱の間に、国政選挙を三回ほど経験させていただき、「政策のほうは、なかなか素晴《すば》らしい」と多くの方からご支援《しえん》を頂くようになっております。

これは、大川隆法総裁をはじめ、天上界《てんじょうかい》の高級諸霊《しょれい》のご指導に基《もと》づいているものですので、素晴らしいのは当然ですが、いまひとつ、政党の人気が足りず、具体的な得票に結びついていない事実があるかと思います。

谷沢永一　うん、うんうん。

矢内　このあたりを、先般《せんぱん》、韓信《かんしん》将軍より、ご指導いただいたばかりでございます（『百戦百勝の法則』――韓信流・勝てる政治家の条件――〔幸福実現党刊〕参照）。

やはり、「人の心」をつかんでいくためにも、今後、政党としてのあり方や考え方、行動の仕方など、大きく改善させていただきたいと思っておりますので、ぜひ、そういう観点からご指導を賜《たまわ》れれば幸いです。
特に、谷沢先生は、生前、『人間通《つう》』という書籍を書かれ、「魅力《みりょく》ある人間」についで……。

谷沢永一 そうなのよ。その「人間通」が『広辞苑《こうじえん》』に載《の》らんから怒《おこ》っとるのや（会場笑）。言葉として使うべきだよな？

矢内 はい。ぜひ、そのあたりから、幸福実現党に対しまして、ご指導いただければと思っております。

谷沢永一 いやあ、しかし、わしも本当は「人間通」ではないのだ。「書籍通」であって、「人間通」ではないので、人のことは言えんがな。

幸福実現党が負け続けるのは「正しいことを言っているから」

谷沢永一　まあ、「幸福実現党が勝つ方法を教えろ」と言うのなら、はっきりと申し上げる。

ない！（会場笑）まったくない！　もう勝つ見込みはまったくない！　ほとんどゼロパーセントに近いな。ほとんどない。

だから、君たちは正しいんだよ。

矢内　ああ……、はい。

谷沢永一　正しいことを言っているから、負け続けているんだ。もし、間違《まちが》ったことを言っていたら、君らは、とっくに勝っている。

つまり、君らが「負けている」というのは、言っていることが、本当に純粋《じゅんすい》に正しいからなんだよ。全部、正しいんだよ。だから、落ちるんだよ。今の世の中では、全部、正しいことを言ったら、絶対に落ちるんだよ。死んでからでないと認められないんだよ。

それは、今のことだけじゃなくて、二千年前、三千年前でも同じだからね。ずっと一緒《いっしょ》なんだ。正しいことを言って、殺されなかったり、葬《ほうむ》られなかったりした人なんて、歴史を見ても、いやしないんだ。

この世と「ほどほどに妥協《だきょう》した人」は、この世でも「ほどほどの認められ方」をしているけど、徹底《てってい》的に百パーセント正しいことを言った人は、認められていないよ。

君らは、ものすごく純度が高い正しさを追求している。間違いないわ。マッチを近づけたら、すぐ燃え上がるようなアルコールに近い。飲むのにはちょっと耐《た》えられないぐらいの、はっきり言って、燃料として使える寸前のアルコールだな。

「幸福実現党の連敗記録」でギネス記録を狙《ねら》え!?

谷沢永一　だから、喜べ！（会場笑）

「三回、落ち続けている」というのは、パーフェクトゲームだよな。日本海海戦を逆の側から見たようなものではあるけれども、いやあ、すごいなあ。何回、落ちるか。日本記録に挑戦《ちょうせん》だ。これはギネスに載るぞ。大川隆法の出版点数がギネスに載ったらしいけども、次は「幸福実現党の連敗記録」というので、ギネス記録を狙《ねら》えるねえ。順番に党首をして一通り回せば、けっこう行くだろう。「今まで十連敗もしているようなところはない」と俺《おれ》は思うんだ。これは狙えるから頑張《がんば》れ！

矢内　ええ……。

谷沢永一　君らは、実に正しいんだよ。何も恥《は》じることはない。完全に正しい。要するに、新聞やテレビとは言っていることが違うんだろう？

矢内　はい。

谷沢永一　だから、負けるんだろう？

矢内　はい。

谷沢永一　だから、君らは正しいんだよ。彼らは、何も正しいことを言わないからね。

矢内　はい。ありがとうございます（笑）（会場笑）。

「負け続けても潰《つぶ》れない秘密」を本で明かせば買い手がつく？

矢内　おっしゃっていただいたとおり、私たちは、三年以上前から正論を言い続けておりまして、恥じることはまったくございません。

谷沢永一　そうです。正論です。素晴らしいです。

これで潰《つぶ》れないのは、もっと不思議です（会場笑）。

矢内　（笑）

谷沢永一　この秘密を本で明かしてくだされば、買い手がたくさんつきます。「なぜ、負け続けても潰れないのか」という本を出したら、やっぱり、手が出るねえ。

普通《ふつう》は負けたら潰れる。しかし、潰れない。この秘密は、やっぱり、明かしていただきたいもんだねえ。

矢内　そういう、〝おほめの言葉〟を頂いて、うれしい気持ちもあるのでございますけれども……。

谷沢永一　今のところ、序の口だからほめとるんだよ（会場笑）。

矢内　ありがとうございます（笑）。

純粋《じゅんすい》に「理想」を求めたほうが後世に好影響《えいきょう》を遺《のこ》す

矢内　ただ、やはり、世間《せけん》的にも、また、幸福実現党を支援してくださっている方々も、三回までは大目に見てくださったとしても……。

谷沢永一　まあ、そりゃ、世間の普通の相場は、一回だよね？

矢内　はい。

谷沢永一　世間の普通の相場は一回。根性《こんじょう》のある人で三回。これが、だいたい失敗で許される範囲《はんい》だね。選挙は、一回負けたら、だいたいやめるけど、選挙以外のところであれば、世間で失敗が許されるのは、三回が限度だ。
これ以降は、だいたい会社を辞《や》めさせられるか、潰れているか、何かだよね。絶対にそうなっている。これで、「まだやる」と言うのは、凡人《ぼんじん》の域を超《こ》えているよ。とうとう超えた。うーん、すごい！

矢内　はい。そういう現実をしっかり見つめさせていただいて……。

谷沢永一　現実なんか見なくていい！（会場笑）理想だけを求めるんだ。それが、千年二千年を貫《つらぬ》く理想になるんだ。

矢内　はい。ありがとうございます。ただですね、政党として……。

谷沢永一　（矢内に）汗《あせ》をかかずに、まあ、冷静に行こうや。

矢内　分かりました。

ただ、政党として志を立てた以上、日本の政治を正しくして、日本を救い、世界に誇《ほこ》れる日本をつくっていくためにも、やはり選挙で勝ち、国会議員を出して……。

谷沢永一　そういう欲を出したら、負け方が弱くなるから、欲は出さずに、純粋《じゅんすい》に理論で押《お》していけよ。そのほうが、後世には、いい影響《えいきょう》を必ず遺《のこ》す。

現在ただいまに勝つことを急ぐと、今の垂れ流しの新聞や雑誌、テレビなどに、ある程度、何十パーセントか迎合《げいごう》しないかぎり、〝価値〟が出ないからね。

君らは、ものすごく迂遠《うえん》なやり方かもしれないけども、実は、迂遠なようでありながら、最速のやり方で、世の中を変えようとしているんだよ。これが自分らで分からないようでは、駄目《だめ》なんだよ。

本当に正しい者は、弾圧《だんあつ》されるか、焚書《ふんしょ》されるか、火あぶりになるか、そういうところまで行くんだよ。現代だから、そういうことは少ないだろうけどもね。

「反原発・脱《だつ》原発」を引っ繰《く》り返した幸福実現党の「神業《かみわざ》」

谷沢永一　俺も、生前、筆誅《ひっちゅう》として、共産主義系統の批判もそうとう書いたし、日本に入り込んでいる、その手先たちの活動についての批判もそうとう書いた。しかし、その筆が力及《およ》ばずして、そうした組織や団体を持って活動している者を潰すには至らなかった。

本来、バブルが崩壊《ほうかい》してもいいけど、同時に共産主義も崩壊してくれたら、相討《あいう》ちとして許せるところもあったが、まだ生き延びている。理論的に潰せないでいるだろう？

だから、君らが、この勢力と実勢力を持って戦っているのは、実に痛快だよ。君らねえ、もっと喜んで祝杯《しゅくはい》を上げろよ。正月から酒を飲んでいいんだよ。

去年の夏は、民主党政権下、「反原発・脱《だつ》原発」で国論が統一されたかに見えたようなところまで来ていたじゃないか。まるで国民は騙《だま》されていたよね。国論は、それにほとんど統一された。マスコミの意見で、ほとんどそうなったよ。

これを、十二月までに引っ繰《く》り返した。現実に（選挙結果を）見てみたら、反対側が圧勝した。君たちは、地下のマグマとして、ものすごい力で動いた。こんなことは神業《かみわざ》だよ。

「マスコミの意見と国論が違《ちが》った」という選挙結果の衝撃《しょうげき》

谷沢永一　本来、君らが三連敗したから、マスコミは揶揄《やゆ》して、もう、「お笑い」

にしてやりたいところだろうに、みな、政治に関しては黙《だま》っているだろう？

これはねえ、議席は出ていないかもしれないけども、要するに、君らの言論が政権を引っ繰り返したことについては、みな、認識したんだよ。

これには、ある意味で、あんたの出身母体である朝日新聞を足払《あしばら》いで倒《たお》してしまったようなところがあるわけよ。あっと驚《おどろ》く衝撃《しょうげき》だね。マスコミは、今、その衝撃から立ち直れないでいる。一月は〝二日酔《ふつかよ》い〟で頭がクラクラしているような状態だよ。「なんで、こんなことになったんだ？　国論と違《ちが》うんじゃないか」という感じだね。

要するに、「マスコミの意見と国論は違う」という結果が、今回、初めて明らかに出ちゃったんだよ。

先ほどのバブル潰しのときなんかは、国論とマスコミの意見とは一致《いっち》していたんだが、今回は、「国民の論としての国論」と「マスコミの認識していた国論」

とが違ったんだよ。違う結論が出たんだよ。この衝撃からは、まだ立ち直っていないですよ。だから、漂《ただよ》っている。このあと、どういう論を立てたらいいか分からないでいる。

とにかく、幸福実現党を（選挙に）通さなかったところだけが、（マスコミにとっては）唯一《ゆいいつ》の勝利なんだけど、実を言うと、この玉砕《ぎょくさい》戦法こそが、今、世論《せろん》を動かし、回天の偉業《いぎょう》をなしているんだよ。

日本を汚染《おせん》し続けるマスコミ界の〝消毒〟が必要

谷沢永一　いやあ、君らは偉《えら》いなあ。よく食っていけるなあ（笑）。一勝も挙げずに給料が出るなんて、すごいことじゃないか。サラリーマン社会では、こんなの、ありえないよ。

矢内　これも、大川隆法総裁をはじめ、幸福の科学グループを支えてくださっている方々のお力のおかげです。それにより政治活動が成り立っておりますので……。

谷沢永一　個人の場合、本が一冊も売れなければ、もう終わりだよねえ。うーん。これは、大したもんだよ。

僕《ぼく》にはねえ、君らに勝つ方法を教える気なんか、全然ないんや。そんなことをされたら困るんだ。君ねえ、それは、「悪魔の仲間に入る」ということだから駄目や。悪魔を徹底的に殲滅《せんめつ》するのなら、こちらは、あくまでも〝消毒〟をし続けなきゃ駄目ですよ。「そんなに消毒されたら、食べられません」と言われても、〝滅菌《めっきん》〟をしなければ駄目ですよ。

マスコミ界は、ほとんど〝汚水《おすい》〟ですよ。大気汚染に、水は泥濁《どろにご》り。生き物が住めるような状態でない所で、アップアップしながら国民は生きているんだよ。このなかで、君らは清流のごとく、バーッと流し込みできているんだよね。これはいいや。

「やむにやまれぬ大和魂《やまとだましい》」の本家本元は幸福実現党

矢内　確かに、今、先生がおっしゃったように、私どもも、三年前から、精神としては、「やむにやまれぬ大和魂《やまとだましい》」そのものです。

谷沢永一　うーん、いい！　今、首相が、それをまねしているんだろう？

矢内　はい。そうです。

谷沢永一　何だっけ？　吉田松陰《よしだしょういん》、三島由紀夫《みしまゆきお》、安倍晋三《あべしんぞう》？　「やむにやまれぬ大和魂」を宣伝しているんだろう？　君らのまねをしているんだろう？　首相があとからついてくるなんて、こんな痛快なことはないじゃないか。ええ？

矢内　その本家本元・源流が、幸福実現党でございますので。

谷沢永一　すごい！　今どき、すっごい政党ができたな。

矢内　はい。

谷沢永一　いやあ、わしも、こんなに人をほめるのは珍《めずら》しいんや（会場笑）。痛快だよ。

矢内　ありがとうございます。

幸福実現党の活動が「保守系言論人の復活」を促《うなが》した

矢内　谷沢先生が、生前、お一人で戦ってこられた、戦後の左翼思想に対して、私どもも、「日本を救わなければいけない」という志の下《もと》で戦ってきました。まさしく特攻隊《とっこうたい》精神で、私心《ししん》なく、「自分は死んでもいいのだ」という気持ちで、候補者も支援者の方々も戦ってまいりました。

その結果、谷沢先生がおっしゃったように、日本の国論を、保守回帰のほうにグーッと持っていくことが確かにできたと思います。

谷沢永一　いや、それだけじゃない。君らは、保守の言論人に対して、勇気を与《あた》えた。バブル潰しが行われたときには、日本にいる保守の知識人・言論人というのは、片手で数えられるぐらいしかいなかった。

ところが、今、君らを拠《よ》り所にして、保守回帰しただけではなく、言論でも、保守系の言論人がどんどん復活し、また活動を開始している。その意味では、ものすごく大きな力がある。

「正論」で押《お》し続ければ必ず宗教国家が出来上がる

谷沢永一　さらに、君らは、選挙に負け続けることによって、ついに、中国共産党政府まで倒そうとし始めているんだ。「負けることで倒す」というすごい技《わざ》を使っているんだよ。負け続けながら倒しにかかってきている。

これは、まさしく「回天の偉業」だよ。うん。すごいよ。

「回天」というのは、人間魚雷《ぎょらい》だよな？　いったん、あのなかに入ってハッチを閉められたら、自分で開けて出られない。入ったら死ぬ。酸素がある間に敵艦《てきかん》へ突《つ》っ込んで行く以外にない。自分の命は捨てるが、敵艦も沈《しず》める。これが回天だよな。

まあ、「回天の偉業」のほうが、言葉としては先だけども、日本海軍は、「回天」という人間魚雷をつくった。

君ら幸福実現党は、まさしく〝人間魚雷〟だ。いったん入ったら、もう閉められて出られない。もう死ぬしかない。入った以上、死ぬしかない。ただ、敵艦は沈む。自分も死ぬが、敵艦も沈む。まあ、特攻隊精神だな。まさしくこれだ。

うーん、いい！　当選なんか、するんじゃない！（会場笑）

矢内　私は、意外と単純かつ素朴《そぼく》な人間でございますので、おっしゃってくださったことを、本当に真っ正面から、おほめの言葉として、今、受け止めているのですけれども（会場笑）。

谷沢永一　当選しようなんて欲を出したときに、君らは終わりだよ。え？

矢内　（苦笑）いや、もう、ありがとうございます。

谷沢永一　当選なんかするつもりなく、ただ正論で押《お》し続けていくうちに、いずれ、国論のほうが「参った」と降参する時期が来る。（今世《こんぜ》）降参しなかったら、来世《らいせ》、来る。来世、あの世に還《かえ》ったあとに、国論は引っ繰り返る。必ず、宗教国家が出来上がるよ。君らが言う宗教政治が行われるようになる。

だから、理論を曲げたら、絶対駄目や。

矢内　はい。

孔子《こうし》亡《な》きあと「儒教精神《じゅきょうせいしん》」で政治が行われたこととの共通点

谷沢永一　君らがやっているのはねえ、孔子《こうし》の儒教《じゅきょう》そのものなんだよ。孔子は、儒教精神でもって政《まつりごと》をやろうとしたんだろう？　だけど、どこの国へ行っても、結局、受け入れられることがなく、「実用性が足りない」と言って断られた。

しかし、「孔子亡《な》きあとは、どうか」というと、中国では、千年二千年と儒教精神をもとにして政治が行われ、その影響は日本にまで及んだわけですよ。

君らがやろうとしていることは、そういうことに近い。

孔子自身は、ほんの一時期だけ、故国の法務大臣というか、司法大臣みたいなものをやったけども、いいことを言っているのに、あとは、どこも採用してくれなかった。これは、今で言えば、当選して大臣や総理大臣になれなかったのと同じことだよ。

ただ、その当時に、大臣や総理大臣に当たる宰相《さいしょう》をやっていた人たちには、流浪《るろう》していた孔子たちよりも偉かったかもしれないけれども、「五百年後、千年後を見たらどうか」というと、当時、そうした大臣や宰相をやっていた人、国王をやっていた人の名前なんて、ほとんど覚えている人はいない。しかし、孔《こう》門《もん》の徒《と》についていては、みな、よく知っている。君らがやっていることは、こういうことに近いんだよ。

君らが、「これは根本的な『救済の法』であり、『未来の法』であり、新しい霊的世紀をつくるための精神革命なんだ」と言うのなら、今、出ている結果は、実に正しい。こうでなければ、おかしいんだ。

君ら自身も、「いかに、この世的であるかどうか」を試《ため》されているんだよ。ここで負けたら、君らは、イエスの十二弟子《でし》と一緒だ。「先生が処刑《しょけい》されたら、みんな逃《に》げた」というようなことで、歴史に汚名を遺す。

だから、負け続けてもいいから、絶対に正しいと思うことは言い続けるんだ。「テレビやラジオに出ようが出まいが、新聞や雑誌に載ろうが載るまいが、結構です。とにかく、私たちが正しいと思うことを言わなければ、国民の啓蒙《けいもう》になりませんし、世の中の啓蒙になりません。あるいは、中国やその他の悪魔の国たちを覆《くつがえ》すことはできません。間違った言論を主張しているところが、オピニオンリーダーになったり、クオリティ紙になったりしている現状を受け入れることはできません」と。

この頑固さが、世の中を変えるんだよ。

徹底的《てってい》な「へそ曲がり」には人気が出てくる

矢内　ありがとうございます。そのような話をお聴《き》かせいただき、うれしくて涙《なみだ》が出るぐらいです。

谷沢永一　当然だよ。君ねえ、同じ仲間だよ。似たようなもんだよ。へそ曲がりも徹底的《てってい》なところまで行ったら、そのうち人気が出てくるよ。ある意味で、人気が出るから、もうちょっとだよ。

矢内　はい。

谷沢永一　もうちょっと、へそを曲げたら、人気が出る。「ここまでやるか？」

という、みんなが忍耐《にんたい》できる限界が来るからね。

「マスコミが黙殺《もくさつ》している」って言うんだろう？　「無視している」って言うんだろう？　結構ですよ。できるところまで黙殺してください。どこまで我慢《がまん》できるか。「にらめっこ」と一緒だよ。「変な顔をしても、笑わずに我慢する」というのと一緒で、どこかで我慢できなくなるからさ。

でも、実際には、そうは言っても、君らの言論から引用したり、影響を受けたりして、いろいろな言論人やジャーナリストたちが意見をたくさん書いてきつつあるはずだし、政治家も黙って借用して、君らの政策をやっとるはずだよ。な？　これは、すでに、大きな大きな潮流が出来上がってきつつあることを意味しているんだよ。

だから、果実を早く手に入れようとしたらいかんと思うなあ。果実よりも、その流れが正当であるかを糺《ただ》さねばならんと思う。これは強いよ。

「霊言集《れいげんしゅう》の広告」を載《の》せるのは〝朝日落城〟の証明

谷沢永一　はっきり言って、君自身が、朝日新聞を〝鳴門《なると》の海〟に沈めようとしているんだよ。

矢内　私自身、今、朝日新聞社の前で街宣を続けておりまして……。

谷沢永一　向こうは、困っとるだろう。

矢内　（笑）そうです。向こうも、どう対応してよいかが分からなくなったようですね（会場笑）。「以前、朝日でお世話になりました、矢内筆勝でございます」と言って、やっています（笑）。

谷沢永一　いやあ、君は善行を積んどるなあ。

矢内　とにかく、朝日は、今、中国寄りの報道に徹しており、ある意味で、中国の国益のための報道をしているような状況《じょうきょう》です。

谷沢永一　いや、あれは、どう見ても、だいぶ〝落城〟しかかっているよ。

矢内　そうですね。今年になってからは特に……。

谷沢永一　まあ、〝天守閣〟は、まだ残っているけど、〝出城《でじろ》〟のところはかなり落ちてきている。朝日もそうとう落ちてきたねえ。やっぱり、今回の衝撃は、かなりきつかったねえ。

「朝日が霊言集《れいげんしゅう》の広告を載《の》せる」ということ自体、すでに〝落城〟し始めている証明ですからね。これは、「一定の社会的勢力があり、信じる人が一定の数いる」ということだよ。

また、政治家たちだって、そうだよね。今、メインでやっている自民党の政治家たちでも、上のほうにいる人たちは、けっこう君たちの言うことを信じているし、防衛省や自衛隊の人たちだって、君らの言っている予測を勉強して、作戦を立てている状態だ。それは、調査すれば、すぐ分かることなのでね。無視できない勢力ではあるんだよ。

だから、ある意味で、火の手は上がっているんだけど、それが恒久《こうきゅう》的な流れになるか、一時的な時代の揺《ゆ》り返しなのか。ここのところの判断だよな。

そういう意味で、（朝日は）両方が錯綜《さくそう》したような意見をチラチラ出したり、あるいは、そういう広告を出すことによって中和しようとしてみたりして、生き残る作戦を立てているわけなんですよ。いざというときには、論をパッと変えられるようにはしているね。

矢内　はい。確かに、最近の朝日の紙面などを見ても、今おっしゃっていたように、いつでも時代の流れに迎合できるような体制を組んでいます。

谷沢永一　つまり、上のほうの六十歳《さい》以上のところだけ退職させれば、パッと変えられるようになっている。実は、内部改革はそうとう進んできているよ。

矢内　そうですね。

矢内新党首の就任は「左翼《さよく》に対する最後の宣戦布告」

矢内　私も街宣していて、本当に感じるのですが、先生が批判されていた「悪魔の思想」に害された戦後民主主義の左翼《さよく》思想の人たちが、もう定年間近になっていて、朝日新聞のなかで影響力を持っているのは一部です。

谷沢永一　安保《あんぽ》世代が、まだ残っとる。主として、このへんなんだよ。それから、その世代の先生に教わった人たちが、ちょっと思想的に残っているのでね。

その世代の人たちは、例えば、東大に行っていても、マルクス経済学を学んでいた人たちなんだよ。日銀の三重野《みえの》さんなんかもそうだよ。マルクス経済学を学んで卒業し、日銀に入って総裁になっているんだから、どうしようもないよね。近代経済学のほうは、全然、勉強していないんだよ。

マルクス経済学を学んで、日銀総裁になったら、バブル潰しをやりますよ。こんなの当たり前ですよ。みんな平等にしてしまいますからね。こういう、何十年もの時代のずれが、現実に起きるんですよね。
　君らは、そういうあたりのところに衝撃を与えているし、君が党首になったことには、すごく象徴《しょうちょう》的な意味があると私は思うわ。これは、左翼に対する最後の宣戦布告だと思いますね。「ここまでやるか」という一種の「いじめ」だ（会場笑）。これで、君が党首をやっている間は、朝日新聞とテレ朝は、いじめを受け続ける。君は、いわゆる「存在のいじめ」だよ（会場笑）。

矢内　（笑）はい。

安倍《あべ》総理から見た幸福実現党は「左翼《さよく》を斬《き》る新撰組《しんせんぐみ》」

矢内　幸福実現党が立党し、新しい時代に向けて、本物の正論を訴《うった》え続けていくことにより、日本に巣くった「悪魔の思想」である共産主義の部分が抜《ぬ》けてなくなっていく時代が近づいていているわけですね。

谷沢永一　まあ、分かるんだよ。

戦前はさあ、朝日は、戦争をどんどん応援していたしね。日本の〝大戦果〟を報道して、「行け行け！　ゴーゴー！」でやっていたから、戦後、反省に入ったのは当然だし、戦後の一時期には共産主義もすごく広がったからね。

アメリカのほうで「マッカーシズム」が流行《はや》り、「共産党狩《が》り」が始まってからは、少し路線が変わってきたけども、それまでは流行っていたからね。そのへ

ん の洗脳を受けた人たちの影響が、戦後の出発点にあるから、それは、しょうがないと思うけれども、本当に戦後レジーム（体制）の見直しをしなければいけないのかどうか、腹をくくらなければいかん時期が来ているわけよ。安倍《あべ》総理だって、結局、君らをすごく頼《たよ》りにしている。自民党だけでは、とてもじゃないけど無理だからね。

今、（マスコミ等が）参議院選に向けて撃《う》ち落としをかけようと作戦を練っているのは分かっている。「どうやって勝てないようにしてやろうか」と考えているのは分かっているから、安倍首相から見れば、君らは新撰組《しんせんぐみ》みたいなものなんだよ。もう、京都の街を斬《き》って斬って斬り歩いている新撰組みたいなもので、左《さ》翼《よく》が首を出したら、パスッと刎《は》ねるような感じになってきつつあるわな。

いやあ、面白《おもしろ》い時代だ。絶対に勝つな！（会場笑）

いやいや、言論においては勝て！ 現実においては負けて構わんからさ。

人の心を動かすには白虎隊《びゃっこたい》のような「潔《いさぎよ》さ」が要《い》る

矢内　そのようにおっしゃっていただいて、本当にうれしく思っております。ただ、現実的な部分でも、しっかり勝っていくための……。

谷沢永一　「勝つな！」と言っているのに（会場笑）……。

「勝つ」ということは、彼らと価値観を共有することになるんだよ、絶対に。例えば、「国民がテレビを見ず、新聞や雑誌等を読まずに、幸福の科学の『ザ・リバティ』や大川隆法の本ばかりを、毎日、家に帰っては読んでいる」という状況だったら、どうしたって勝ちますよ。それ以外の情報を読んでいなければ、勝つしかないですよ。

でも、現実には、部数から見て、あるいは視聴率《しちょうりつ》から見て、彼らのほうがものすごく汚染している。それを君らが滅菌しようとしても、まだ滅菌できる戦力が少ない。〝ダスキン隊〟は、ちょっと数が少ないんだよ。だから、できていない。

それはしかたないけど、「〝ダスキン隊〟が家をきれいにするには、まだ人数が少ないから、この仕事は間違っている」というように判断するなら、その考え方が間違いだ。やっぱり、日本全国の家をきれいにしなきゃいけないんですよ。

だから、そうした間違っているものを「間違っている」と判断して、正しいものを読もうとするような国民啓蒙運動に持っていかねばならんわけね。

それには、「潔《いさぎよ》さ」が要《い》るんだよ。つまり、「自分たちの利得のためにやっている」と見たら、人の心は動かない。日本の社会において「黙っている」ということには、「認めている」ということと、かなり似ているところがあるので、すごいんだよ。「言うに言えない」というのかな?

そういう意味で、(幸福実現党には)白虎隊《びゃっこたい》のようなかわいそうさがある。(白虎隊では）十六、七歳の人たちが鉢巻《はちま》きして、みんな突っ込んでいくんだろう？ そういう、「散るのが分かっていて、散っていく」というかわいそうさがあるよね。

それと同じように、選挙で負けるのが分かっているのに、「党首です」とか、「政調会長です」とか言いながら、突っ込んでいっているんだろう？ マスコミのほうは、みんな落ちるのを知っているんだよ。事前に支持率を調べたら、落ちるのは分かっている。議席を取れないのは分かっているのに、突っ込んでいく。

いや、もう、感動だね。

歴史に名を遺《のこ》すには、ある程度、長く戦わねばならない

矢内　実は、私《わたくし》、会津《あいづ》の生まれでございまして（会場笑）。

谷沢永一　そうなの？

矢内　はい。

谷沢永一　おお、ええじゃないか。

矢内　今年は、大河ドラマの舞台《ぶたい》も会津でございます。

谷沢永一　ええじゃないですか。

矢内　何か、ご縁《えん》を感じているのですけれども……。

谷沢永一　それが引っ繰り返ったら、人気は出る。

だけど、人気が出るのを、あまり急いじゃいけない。急いだら、本物にならないからね。君らは、しっかり火のなか水のなかを潜《くぐ》って鍛《きた》えられなさい。これを「マゾ」と言うのかどうか、私は知らんけれども、「あの手この手で攻《せ》めても攻めても、立ち上がってくる強さ」というのかな？

やっぱり、君らはねえ、幸福実現党のパンフレットを書いているつもりでいてはいけないんだよ。そんなことでは駄目なんだ。君らは、今、歴史を書いているんだよ。いいか？　日本の歴史、世界の歴史を、今、書いているんだよ。

短い期間では、歴史の点にしかすぎない。ただの点なんだよ。それでは消えてしまう。歴史に名前を遺すためには、ある程度の長さを戦わなければいけない。だから、「まだ〝安政《あんせい》の大獄《たいごく》〟以前だ」と思え。〝明治維新《いしん》〟までには時間がかかるんだよ。

矢内　はい。

マスコミを折伏《しゃくぶく》し、国民の支持を得るのは「信念」の力

谷沢永一　でも、安政の大獄から明治維新まで八年か九年だろうけども、まさか、その八、九年後に幕府が倒れて、あんな世の中が来るなんて、誰《だれ》も思っていなかった。これと一緒なんだよ。

もし、維新が「大阪《おおさか》維新の会」に取られるんだったら、しょうがない。君らは、もう白虎隊を名乗るしかないよね。こうなったら、保守反動型でやってもいいかもしらんけど、とにかく負けたらあかんよ。

大川隆法という人が本をたくさん出して、幸福の科学の信者を世界にも増やしているのは分かっている。それで政党をつくり、選挙をやって負ける。これについては、自分の名誉《めいよ》にならないことは、誰が見たって明らかですよ。負け続ける

なんて、かっこ悪いことだからね。大宗教家を名乗っているほど、かっこ悪いからしたくないですよ。

でも、それをし続けている。これには、ある意味での怖《こわ》さというか、ものすごい信念を感じるわな。これがマスコミを折伏《しゃくぶく》する力になるし、マスコミを折伏できなかったら、国民が先に支持し始める。〝民百姓《たみひゃくしょう》〟のほうが認めるようになる。

そこまで頑張れや。

矢内　はい。

「原発推進を唯一《ゆいいつ》訴《うった》えた幸福実現党」を世間《せけん》は見逃《みのが》さない

谷沢永一　この前、鹿児島《かごしま》でやっとったじゃないか（二〇一二年「衆議院鹿児島3区補欠選挙」）。あの原発の。なあ？

矢内　唯一《ゆいいつ》、原発推進を訴《うった》えて戦いました。

谷沢永一　君らは、三千票ぐらいしか取れなかったにもかかわらず、唯一、原発推進をガンガン言うとったんだろう？　それで選挙が終わったら、自民党が原発推進と言うとるんだろう？

矢内　そうです。はい。

谷沢永一　自分ら（自民党）は、票が減って負けるから、選挙のときには言わないで、幸福実現党に言わせた。そして、原発推進を言った幸福実現党は敗れ、フニャフニャ言っていたところが政権を取ってから「推進する」と言っている。それで、「活断層もない」と言っているんだろう？

矢内　はい。そうです。

谷沢永一　これは、はっきり言って、世間《せけん》から見て卑怯《ひきょう》だし、ずるいことをやっているよ。

でも、世間は見逃《みのが》していない。ちゃんと知っているよ。君ら〝白虎隊〟がやったことをちゃんと知っている。

だから、それについては、自信を持ったほうがいいよ。君らは、「民主主義を超えたもの」なんだからさ。

基本的に民主主義というのは、悪魔に洗脳されていたら、結局、機能しない。やっぱり、みんなが除染しなきゃ駄目だ。悪魔の除染をしなきゃいかん。

世間は、そんなにバカじゃないよ。見る目が長いから、ジーッと見ている。ただ、「君たちのところに保守の言論人が集まってきつつある」ということは、「いち早く認めてくれる人たちも出てきている」ということなんだよ。自分の保身を図《はか》ってる人がたくさんいるから、これから、ゆっくりゆっくりと、世の中は動いてくるんだよ。

だけど、そのときに、旗印を持っているやつらがやめてしまったら駄目になるからね。

いやあ、君、いいときに党首になったなあ。これで、朝日の最期《さいご》がいよいよ近い。〝戦艦朝日〟撃沈《げきちん》の日は、近づいています（注。本霊言収録の翌日、朝日新聞主筆・若宮啓文《わかみやよしぶみ》氏が二〇一三年一月十六日付で退職することを表明した）。

朝日が産経と合併《がっぺい》する日が、今、近づいているかもしらんね。

3　いま必要なのは「行動家」だ！

アンチ〝日帝《にってい》〟の「韓国《かんこく》の保守」は左翼《さよく》と変わらない

矢内　「マスコミを改革し、そこに巣くう悪魔《あくま》を除去していく」ということを、幸福実現党の明確な方針としていきたいと思います。

谷沢永一　いや、これがねえ、中国や北朝鮮《きたちょうせん》だけでなく、隣《となり》の韓国《かんこく》だって、「自由主義陣営《じんえい》」と言っているけど、あのやり方自体、自由主義とはちょっと言いかねるものはあるわなあ。あれは何だ？　左翼《さよく》とそんなに変わらんじゃないか。韓国の保守は、左翼とそんなに変わらんよ。アンチ〝日帝《にってい》〟なんだろう？　アンチ

〝日本帝国主義〟なんだろう？
あまり左翼と変わらないので、もう、このへんを全部引っ繰《く》り返さなきゃいかんのやから、先は長いよ。

矢内　はい。

谷沢永一　だけど、気づいている。みんな気づいてきつつはある。うん。ええなあ。朝日の前で街宣かあ。ええなあ。君、ええなあ。惜《お》しかったなあ。わしがもうちょっと若かったら、直《ちょく》に教えてやりたいところやなあ（舌打ち）。

矢内　ぜひ、いろいろなかたちで、ご指導いただければと思います。

谷沢永一　うーん。

「中国共産党一党独裁」は秦《しん》の始皇帝《しこうてい》の悪政と変わらない

矢内　谷沢先生の生前のご著書などを読ませていただき、私も、「本当の意味で、日本を中国の脅威《きょうい》から守るためには、その足がかりになっている日本の左翼系マスコミを改革する必要がある」と考えています。これが実現できれば、かなり大きな突破口《とっぱこう》になります。

谷沢永一　まあ、お互《たが》い中国に縁《えん》がないわけではないからさ。

「中国の兵法を用いて、中国を破る」ということをやらなければいかんわけであるので、そのへんは微妙《びみょう》だけど、とにかく、中国そのものが憎《にく》いとか、歴史が憎いとかじゃなくて、現在の中国のあり方を斬《き》ろうとしてるわけだしね。

矢内　はい。唯物論《ゆいぶつろん》の共産党による一党独裁ですね。

谷沢永一　そうそう。中国の歴史や、中国の思想を本当に勉強したら、こんなの、秦《しん》の始皇帝《しこうてい》の時代の悪政と大して変わらんよな。現実はね。「巨大《きょだい》国家になった」って喜んでるけども、そんなもの間違《まちが》っている。やっぱり、これは、ぶち壊《こわ》さないと駄目《だめ》だな。

日本が完全に共産主義化しない理由は「儒学《じゅがく》精神」にあり

矢内　今、谷沢先生は、「敵の戦法で、敵を斬る」ということをおっしゃいましたが、その点について、もう少し、お教えいただけないでしょうか。

谷沢永一　うんうん。俺《おれ》たち、もともと、儒学者《じゅがくしゃ》じゃないか。

矢内　は？　え、そう……、そうらしいです。

谷沢永一　なあ？

矢内　ええ。

谷沢永一　（過去世《かこぜ》では）お互い儒学者やんか。中国の〝戦法〟を勉強したんや。それでもって、日本の徳川《とくがわ》時代をつくったんやからさ。

矢内　はい……。

谷沢永一　その儒学の伝統は、日本のなかに根づいている。

要するに、日本が完全に共産主義化しない理由は、実は、儒学以来の伝統が根づいているからだ。本場の中国のほうでは壊れているのに、こちらのほうでは儒学がまだ遺《のこ》っているから、中国のようにならないんだ。

儒学は平等性だけを追求しない。儒学には階層性がちゃんとあるんだよ。それは君子になる道だ。「やはり徳ある人間が上に立つべきだ」という考えが、儒学には、はっきりとある。

この考え方は、あんたがたの宗教のなかにおける「次元の階層」と、ある意味では一致《いっち》する方向性であるので、儒学は、縦の流れをちゃんと認めているんだよ。そういう意味で、悪質な結果平等の民主主義には与《くみ》しないのが儒学なんだ。

儒学は、「君子はいる」という考えだし、「君子は教育によってつくり出せる」

という思想なんだよな。「その、つくり出した君子が人々を治めるのが、正しいご政道《せいどう》である」という考えだよな。

（幸福の科学も）君子の道を今は説いているわけでしょう？　宗教において、君子の道を説き、政党において、その君子の道を実践《じっせん》し、教育において、君子を教育しようとしているんだろう？　これは、「実践の学」をやろうとしているわけだ。

生前に、それが完成するかどうかは別として、その理想の旗は、絶対に降ろしてはならんわな。

谷沢永一氏の過去世《かこぜ》は、江戸《えど》時代の儒学者《じゅがくしゃ》「荻生徂徠《おぎゅうそらい》」

谷沢永一　僕《ぼく》（過去世《かこぜ》）は、どちらかといえば、訓詁学《くんこがく》的な儒学者《じゅがくしゃ》だけど、君（矢内の過去世）は陽明学《ようめいがく》だろう？　派は違うかもしれないけども、まあ、江戸《えど》の流れをつくった者《もん》だからさ。
江夏　いきなり、話に割り込《こ》んで申し訳ございません。
谷沢永一　ん？　何だ？　君。
江夏　幹事長の江夏と申します。
谷沢永一　ああ。
江夏　今の話をお聴《き》きしまして、谷沢先生の過去世は儒学者として名のある方とお見受けしましたが、もし、よろしければ、お名前を……。

谷沢永一　俺、荻生徂徠《おぎゅうそらい》だよ。うん。

江夏　あ、そうですか。

谷沢永一　あちらの表側の儒学は、訓詁学が主流だからね。まあ、申し訳ないけど、（儒学は）書誌学みたいなもので、訓詁学が主流だから、荻生徂徠が、だいたい、あっちの表側の親分かもしらん。

「熊沢蕃山《くまざわばんざん》」の生まれ変わりである矢内党首の使命は「行動」

谷沢永一　一方、裏側と言っては失礼かもしらんけど、陽明学は、中江藤樹《なかえとうじゅ》、熊《くま》沢蕃山《ざわばんざん》だろう？

これ、（矢内を指して）熊沢蕃山だよ。こいつ。陽明学でけっこう有名じゃないか。全国を渡《わた》り歩いとった熊沢さ。

だから、これから全国をまた渡り歩くんだろう？

矢内　はい。今、その予定を組んでおります。

谷沢永一　行動重視なんだろう？

矢内　はい。とにかく全国を回りたいと思います。

谷沢永一　知行合一《ちこうごういつ》だろう？

矢内　はい、そうでございます。

谷沢永一　だから、思ったら、すぐ動くんだろう？

矢内　はい。

谷沢永一　それでいいよ。

矢内　「行動のときは今だ！」と、こればかりを訴《うった》えさせていただいております。

谷沢永一　君は、儒学の思想を行動に移すのが使命なんだよ。天命なんだよ。

矢内　はい。

谷沢永一　行動家が、今、必要なんだよ。うん。やらなきゃいけない。これを徹底《てってい》的にやらなきゃいけない。今、くまなくやらなきゃいけない。全国ね。

矢内　はい。

谷沢永一　くまなく徹底的にやる。沖縄《おきなわ》だけじゃ駄目だ。全国くまなくやることやな。これで、思想が広がるんだよ。

矢内　はい。

谷沢永一　日本国中、染め上げることだな。

陽明学《ようめいがく》的な動きを強め、眠《ねむ》っている「人材」を目覚めさせよ

谷沢永一　まあ、私（荻生）のほうの正統派もやったけど、君ら（中江・熊沢）のほうの流れも、最初は正統派ではなかったかもしらんが、伏流水《ふくりゅうすい》になり、幕末からは正統派になって、明治維新《いしん》を起こしたよな。

この両面があって、徳川の儒学体制は出来上がっておるから、両面があっていいと思うし、おそらく、私のほうの流れの者も、（幸福の科学や幸福実現党の）なかにいるとは思う。

君らは、今まで勉強を一生懸命《いっしょうけんめい》していたんだろうし、学問的な探究を中心にやっていた宗教だから、行動力がやや足りなくて、そんなに勝てないんだろう。し

かし、これからは、やはり「陽明学的《ようめいがく》な動き」を強めていかなければならない。知ったら行わなきゃいけないし、「行わない」ということは、「本当に知っていない」ということだ。そうだな？

矢内　はい、そのとおりだと思います。

谷沢永一　本当に「真理だ」と思ったら、動かざるをえない。

矢内　はい。

谷沢永一　幸福の科学の信者や会員で、まだ政治運動をやっとらんのが大勢おるだろう？　眠《ねむ》っとるのが。こういう人たちは、「本当に知ったら動かなきゃいかんのだ。『動いていない』ということは、『まだ本当に真理を学び取っていない』ということだ」と。この思想で刺《さ》せば、みんな動き始めますよ。

矢内　アドバイスを頂き、ありがとうございます。

谷沢永一　だから、君ねえ、全国キャラバンをするのが使命だよ。うん。

矢内　はい！　今、本当に、魂《たましい》のうずきで、燃えに燃えております。

谷沢永一　燃えろ！　燃えろ、いい男！

矢内　もう、さっきから熱くて、汗《あせ》もダラダラ流れています。

谷沢永一　おお、そうだ。燃えろ！　燃えろ！　燃えろ！　燃えろ！

矢内　はい！

谷沢永一　燃えなきゃいかん！　生まれつきの「革命の源流」だから、燃えて当然なんだよ。

矢内　ありがとうございます。

谷沢永一　燃えなきゃいかん。

矢内　はい。

谷沢永一　まだ人材が眠っとるんだよ。眠っておって、まだ目覚めておらんのだよ。十分にな。うん。

4 「精神革命」の成就《じょうじゅ》は近い

「教えで現実世界を変えていくこと」が弟子《でし》の使命

矢内　谷沢先生、せっかくの機会ですので、「行動」という観点に関しまして、お教えいただきたいと思います。

私は、昨年、尖閣《せんかく》諸島のほうに行き、船の上で、習近平《しゅうきんぺい》氏に対する宣戦布告のような宣言をしたのですが、そのなかで、非常に神秘的な体験をさせていただきました。

谷沢永一　うーん。

矢内　「やはり何かをしなければいけない。行動を起こさなければいけない」と思い続けて、祈《いの》ったときに、インスピレーションを頂いたのです。それで、そのとおりに行動を起こしたところ、天上界《てんじょうかい》から驚《おどろ》くような指導がどんどん入ってきて、結果的に、自分でも予想しなかったような大きな成果を収めることができました。

そこで、「行動の原理」と「天上界のご指導」、そして、「革命の成就《じょうじゅ》」について、天上界の谷沢先生の視点から、お教えを賜《たまわ》れればと思います。

谷沢永一　まあ、本当は、思想をつくるのは第一期の仕事だよね。

つまり、第一期は、思想をつくって、それを勉強する人がいなきゃいけない。まず塾生《じゅくせい》がいなきゃいけないけども、だんだん、その塾の力が大きくなってくれば、「塾生たちが各地に散って、自分の塾を開きながら教えを広げていく」という代に入るわな。

さらに、「その塾で教わった人、すなわち、町民や武士や商人など、いろんな階級の人たちが、自分の職業のなかに、それを生かそうとし始める」という段階が来る。まあ、これが行動のレベルだよな。

だから、幸福の科学の教えは、純粋《じゅんすい》な、宗教的な高みのある教えだと思うけれども、「これを現実の世界にどのように反映していくか」というところをやる人が、次の段階では出てこなければいかんわけだよ。

君らは、今、教育に手を出しとるし、政治にも手を出しているけども、この教育や政治に手を出しているところは、まさしく、教えを現実の世界に降ろそうとしている運動だよな。

まだスムーズではないと思うし、苦労も要《い》るし、現実に〝翻訳《ほんやく》〟していくなかでの苦労もあると思う。当然、反対運動や抵抗《ていこう》運動も起きてくるからね。だけど、これをやるのが弟子《でし》の使命だよな。これをやらなきゃいけない。

いやあ、これだけ多様な教えが説かれているので、全部が全部、政治に生かせるとは思えないよ。創世記だの、宇宙人だの、すぐに生かせるとは思えない。

まあ、宇宙人は、そのうち出てくるかもしらん。それは分からないけど、今のところ、〝宇宙人の教え〟で、国政における施政《しせい》方針演説をする必要はないだろうとは思う。まあ、してもいいけどね。総理大臣になって、「十年以内に、UFOを捕《と》らえるか、宇宙人を捕らえるか、どちらかを実現します」などと公約するのも面白《おもしろ》いとは思う。

そういう時代も来るかもしらんけども、今は、教えの全体を政治に生かせるわけではないので、やっぱり、教えを学んだ人が、直面している現実のなかで、その教えを実践《じっせん》していくことが大事だな。

霊言集《れいげんしゅう》が浸透《しんとう》していけば「大きな精神革命」が起きる

谷沢永一　教育改革については、君もやっていたと思うけど、やっぱり、朝日新聞は教育のところに全部つるんでいるから、そのもとのところを変えさせないといけない。

要するに、戦後の日本は、結局、神国日本を否定したわけだよ。神の国としての日本を否定して唯物論《ゆいぶつろん》教育的につくり直してきたのが左翼《さよく》教育の流れだし、そこから育ってきた知識人たちが、えらく出世して、いろんなところで、そういう振《ふ》る舞《ま》いをしているわけだよな。

矢内　はい。

谷沢永一　これを変えて、神国日本の部分を取り戻《もど》すには、結局、そうした神様がたが出てこなきゃしょうがないわけで、「神様がたが現実に存在することを国民に認めさせる」というところに、大きな精神革命が起きるわけだな。

と同時に、これは、唯物論国家に対する、すごいアンチテーゼになってくるし、彼らの革命の材料にもなるだろうね。

君らは、すでに、大きな影響《えいきょう》を与《あた》えつつあると思うよ。中国にだって、今、いろんな情報が入ってきている。あれだけ日本の新聞で、君らが広告をバンバン打っとって、「知らん」ということはないのよ。韓国《かんこく》にだって、中国にだって、台《たい》湾《わん》にだって、情報は入っていますよ。みんな知っているんだよ。いろんなかたちで入っていっているからさ。

次に、霊言集《れいげんしゅう》が、この唯物論国家に入っていったら、どうなるか。霊言集自体が、霊界《れいかい》というか、「あの世の存在証明」だから、そうなったら、唯物論の建前《たてまえ》が崩壊《ほうかい》するわな。要するに、これは、ある意味での革命思想なんです。それが今、ジワジワと侵食《しんしょく》しつつある。

日本が「世界のリーダーシップ」をとる時代が来る

谷沢永一　イスラム圏《けん》だって、ある意味での全体主義国家になっているから、(幸福の科学は)ここも壊《こわ》しに入っているんだろう?

だから、視野はそうとう広い。これは、実は、「世界同時革命」を目指しているんだよ。

アメリカだって、オバマさんもかなり左翼に入っているよ。社会主義だよな。「古きよき日本」というか、ちょっと前の日本の社会主義体制を目指している感じだから、アメリカのほうが、日本に、十年から二十年、後《おく》れようとしつつあるように私には見えるなあ。これは日本のまねをしているね。

つまり、もう、かつての日本がモデルになっているんだよ。今、日本は、そこから出ようとしているのに、(アメリカは) そこに入ろうとしているから、あと十年もしたら、けっこう、日本が世界のリーダーシップをとれる時代が来るよ。十年もかからないかもしれない。

少なくとも、アジアの諸国からは、「もう少し日本にリーダーシップをとってほしい」という突《つ》き上げがたくさん来ている。彼らは、「中国の脅威《きょうい》に対して、日本が頑張《がんば》ってくれないと困る。アメリカだけでは、とてもじゃないけど心配だ。地球の反対側から、いつも助けに来てくれるとは思えない」と思っているからね。「日本が強くなってくれないと困る」「日本を強国にしろ」という意見がアジア諸国から出ているんだから、これに応えないのは、やっぱり、いけないよ。

最終的には「指導原理」を持つ政党に人々はついてくる

谷沢永一　一時期、自民党や安倍《あべ》政権や、そのあとに続くものを有利にするように見えるかもしれないけれども、最終的には、指導原理を持っているところが強いですよ。やっぱり、そちらのほうに、みんな、ついてくる。

「リーダーが誰《だれ》か」というのは、ごまかせないもので、（自民党等が）まねをしているとぐらい、みんな知っているんだ。この世的に実勢力があるから、そちらを立ててやっているけど、もう分かっているんだよ。

だから、（幸福実現党を）批判しようにもできない。「君らは弱いなあ」「小さいなあ」などとからかえるのは週刊誌の一部で、だいたい全体としては、みんなが本当の意味での「怖《こわ》さ」を知っている。それがいろんなところにまで浸透《しんとう》している。

幸福の科学の思想は、朝日のなかにだって、NHKのなかにだって、いろんなところに〝枝〟が出て、入っていってているから、どこにシンパがいるか分からないような状況《じょうきょう》なんだよ。

つまり、かつての共産党革命みたいなものを起こされそうな感じが、今、この国に漂《ただよ》っている。面白いじゃないか。

党首は「討《う》ち死に」するぐらいの覚悟《かくご》で頑張《がんば》れ

谷沢永一　君、街宣車の上で討《う》ち死にするといいよ。うん。かっこよく。華々《はなばな》しく。死ぬなら、朝日新聞の前で……。

矢内　はい（笑）。

谷沢永一　ぜひ、死ぬといい。いや、これは、自殺の勧《すす》めじゃないけどね。筆勝《ひっしょう》っていうと、なんか、森田必勝《もりたひっしょう》（正式には「まさかつ」）みたいな名前の人がいたなあ。

矢内　三島由紀夫《みしまゆきお》先生のお弟子さんですね。

谷沢永一　そうだなあ。弟子でいたなあ。

矢内　ええ。

谷沢永一　「そうしろ」と言っているわけじゃないよ。私は、自殺教唆《きょうさ》は全然しないけどさ。

矢内　そのくらいの覚悟《かくご》で、党首を受けさせていただきます。

谷沢永一　いやあ、いい感じだ。

私は、ペン一本と口だけだったけど、やり切れなかったところがそうとうあるから、悔《くや》しいよ。

やっぱり、現実の力というか、組織を動かす力がなかったら、革命は起こせないな、ペンだけでは。

矢内　今日、谷沢先生からお話を頂きまして、「私たちがなそうとしている幸福実現革命、幸福維新《いしん》は、本当の意味での壮大《そうだい》な精神革命であり、今、私たちは、人類史の一ページをつくらせていただいている」と。

谷沢永一　そうだ。うんうん。

矢内　そして、「そのすべては、党員や支援者《しえんしゃ》の方々も含《ふく》めた、私たち一人ひとりの行動にかかっている」ということが、改めて分かりました。

谷沢永一　頑張《がんば》れ！

矢内　そういう壮大な視点を頂いたと感じています。

二〇一二年の都知事選に見た「東京都民の民度《みんど》の低さ」

谷沢永一　君ねえ、猪瀬《いのせ》某《ぼう》ぐらいの三流作家がさあ、（都知事選で）四百何十万票も集めた。これは悔しかろう。悔しいだろう?

矢内　悔しいですね。

谷沢永一　なあ? 君らのように、全国組織を持っているところが、ほんのちょっとしか集められなくてさあ。

矢内　ええ。

谷沢永一　選挙運動もろくにしていないのに、石原《いしはら》(慎太郎《しんたろう》)さんに後継《こうけい》指名されただけで、猪瀬某に四百何十万票も入れる都民の、知識というか、教養レベルというか、人物眼というか、「人間通《つう》」ではない、このレベルの低さを、徹底《てってい》的に知らなきゃいけないね。これを啓蒙《けいもう》してやらなくてはいかんわ。

矢内　ええ。

谷沢永一　ねえ？　何《なん》も分からないんだよ。石原さんが、「この人に」と言ったから、それに入れただけ。単にそれだけだよ。もう、ほとんど幼稚園児《ようちえんじ》だよ。判断能力ゼロなんだよ。あってはならないことだよ。君ねえ、あんな票の出方はあってはならないよ。猪瀬って何をしたんだよ。言ってみろよ。俺《おれ》に説明してくれよ。猪瀬がいったい何をしたんだよ。え？　何？　彼は人類に貢献《こうけん》した？　どんな貢献をしたの？　教えてよ。え？

三流の作家として、ちょっと本を書いた。その程度は、俺だって知っているよ。

あとは、ヘルメットを被《かぶ》って、いろんな所に視察に出かけた？　そのくらいは知っているよ。それで、どうした？

矢内　知名度があるだけですね。

谷沢永一　それで、なぜ四百何十万票も入るのよ。この民度《みんど》の低さは、やっぱり、叱《しか》らないといかんよ。「東京都民だろうが！」と。「沖縄《おきなわ》や鹿児島《かごしま》や北海道の人が読んでも分からん」という理論があっても、それはしょうがないけども、東京都民が、紀伊國屋《きのくにや》書店で売っている本を読めないようなレベルの知識だったら、もう、「腹を切れ！」と言わなきゃいかん。恥《は》ずかしいですよ。（東京都民は）知識人のレベルとしては、日本の最高でなきゃいけないんだから、恥ずかしいことですよ。なあ？

まあ、こういうのに対して、ビシーッと叱れるぐらいの党首にならないとあかんな！　ええ？　「何の実績があって、それだけの票を取るか！　都民はバカか！」と、ちゃんと叱りなさいよ。
あんたねえ、こんなの斬《き》り捨て御免《ごめん》だよ。

矢内　かたや、幸福実現党の候補者だったトクマは、命を懸《か》けて、「この国を守ろう」と行動を起こしたわけですから……。

谷沢永一　うーん。ロックをねえ。まあ、ロック（苦笑）……。あの〝ガチャガチャ〟で変えられるかどうかは知らんけどさあ。
そうやなあ。まあ、〝ガチャガチャ〟は、ちょっと勉強が足りないんじゃないか？　もう少し勉強させて、まともな教えも少しは説く練習をしないと、いかんと思うけどなあ。

5　「国防強化」を訴《うった》え続けよ！

国難から日本を救うために「影響力《えいきょうりょく》」を発揮したい幸福実現党

谷沢永一　ん？

加藤　谷沢先生、お話に割り込《こ》んで恐縮《きょうしゅく》でございます。

谷沢永一　おお、割り込んだなあ。

加藤　私《わたくし》は幸福実現党の加藤と申します。本当にありがとうございます。

谷沢永一　君、なんか、「いちばん落ちた」っていう人やろう？

加藤　あっ！　落選回数でございますか。

谷沢永一　落選回数ナンバーワン。

加藤　ありがとうございます（笑）。

谷沢永一　ということは、君は、「人類の輝《かがや》ける星」っていうことだよなあ。

加藤　あのー、少しお話を戻《もど》させていただいて、恐縮なんですけれども。

谷沢永一　ああ。

加藤　先ほど来《らい》、「幸福実現党は正論を貫《つらぬ》くことにより玉砕《ぎょくさい》しているが、それによって、保守系の文化人や言論人に多大なる勇気を与《あた》えつつ、国論も確実に変えている。したがって、この方針で貫け」という趣旨《しゅし》のお話を賜《たまわ》り、多大なる勇気を頂戴《ちょうだい》いたしました。

ただ、私《わたくし》どもも、やはり……。

谷沢永一　あと一万票欲《ほ》しい？

加藤　いやいや、もっと欲しいなと思っております。

谷沢永一　ハハ。

加藤　実は、夏には参議院選挙もございます。

谷沢永一　ハハハハハ……。

加藤　谷沢先生も重々ご承知のように……。

谷沢永一　何？　参議院選？　君、参議院を潰《つぶ》すつもりなんだろう？　そんなの、いいじゃないか。潰れる。潰れる。

加藤　しかし、国の危機、国難が本当に近づいてきております。

谷沢永一　ああ、国難なあ。そりゃそうだ。

加藤　やはり、国政において、一定の影響力《えいきょうりょく》を発揮しないことには、この危機は救えないと思います。

谷沢永一　なるほど、なるほど。それはそうだ。

加藤　十年二十年は、ちょっと待てない状況《じょうきょう》になってまいりました。

谷沢永一　うん。まあ、憲法改正したけりゃな。

加藤　はい。

谷沢永一　参議院を廃止《はいし》するのに、憲法改正が必要なんだよな。

加藤　はい。

谷沢永一　「参議院選に勝たなけりゃ、参議院を廃止できない」というのは大変なことだなあ。難しいことだな。ポイッと捨てりゃいいのにね。それで終わりなんだがなあ。うーん。

「見識の高さ」と「学びの深さ」が次の広がりを生む

加藤　先般《せんぱん》、中江藤樹《なかえとうじゅ》先生の霊言《れいげん》がございまして、そのなかで、「正論は貫かなければならない。されど二度、三度、四度と訴《うった》えても通じないならば、やはり、訴える側にも振《ふ》り返るべきところがある」というようなお話がありました（『日本陽明学《ようめいがく》の祖 中江藤樹の霊言』〔幸福の科学出版刊〕参照）。

私《わたくし》自身もそうですが、幹部一同、もしくは候補者一同、もう一段の自己変革といいますか、脱皮《だっぴ》をしていかなければいけないと思っています。

谷沢永一　だけど、広げることだけを考えてはいけないよ。やっぱり、「高さ」や「深さ」も関係があるんだよ。その人の「見識の高さ」「学びの深さ」が次の広がりを生む。それが十分でなかったら、「広げるだけ広げよう」と思っても、お好み焼きと同じで、広げるのに限界があるんだ。

君ねえ、分かるかい？　ペッタン叩《たた》いて、できるだけ大きく伸《の》ばすけど、広げすぎたら穴が開くんだよな。

そういうふうになるから、やっぱり、同時にやらなくてはいかん。知行合一《ちこうごういつ》と言っても、知ることも続けなければいけない。行動ばかりやっていたら、バカになる。「勉強はもう結構です。ただただ、バカになってやってください」と言っても、それでは駄目《だめ》だ。両方とも要《い》ることは要るんだよ。

国民の目をそらそうと強気に出る「習近平《しゅうきんぺい》の出端《でばな》」をくじけ

谷沢永一　まあ、「参院選が近づいた」「国難が近づいた」と言うけども、実際の政治は動いてはおるようだからね。

次は、「実戦、すなわち、実際の戦争が始まるかどうか」でしょう？　次の論点は、もう、ここでしょう?

つまり、「中国は実際の戦闘行為《せんとうこうい》を開始するか。日本以外の国に対しても、それに着手するか。習近平《しゅうきんぺい》の時代に、それに着手するか」。あるいは、「国内が崩壊《ほうかい》に入って、習近平を封《ふう》じ込める方向に入るか」。この二つだよね。

中国経済は、今のところ、下降中で悪くなっていきつつある。国民の不満はたまって暴動が増え、マスコミも反乱を起こしつつある。

このなかで(習近平は国民の)目をそらそうとして、外に対して強気で出ようとする。「この出端《でばな》をカチーンとくじけるかどうか」というのは大きいことやな。

ここで、(中国に)勝たせてしまって、「どこかの島を取る」とか、戦果を挙げさせてしまったら、向こうの国民がグワーッと熱狂《ねっきょう》して推《お》し始める可能性がある。そうなったら、都合《つごう》の悪いところを全部隠蔽《いんぺい》できるからね。

今、共産党の幹部は、蓄財《ちくざい》・不正の山で、これを隠《かく》したいと思っているから、君らが言うような「情報公開」だの、「知る権利」だの、「報道の自由」だの、こんなものを国民に与えたら、大変なことになる。だから、これを抑《おさ》え込みたい。全部、戦前の朝日新聞のようにしたいわけだ。

中国というのは、意外に、戦前の日本に似ているんだよ。戦争をする前の日本、あるいは、戦争中の日本によく似ているので、そういう体制だと思う。これを破らなきゃしょうがないよな。カチーンと破ったら、ええんだよ。

まず、尖閣《せんかく》は今、挑発《ちょうはつ》中。それから、琉球《りゅうきゅう》じゃなくて、何だ？　沖縄《おきなわ》か？　尖閣、沖縄を挑発。さらに、台湾《たいわん》、香港《ホンコン》。この四つがまず最初に影響を受ける所で、その次は、フィリピン、ベトナム。その他の国ならカンボジア。まあ、そのあたりの周辺だろうね。

公明党の国交相《こっこうしょう》は「戦わない」という意思表示？

谷沢永一　今、政策的には、あんたがたが言っている方向に、ちゃんと国は動いているとは思うんだけど、（問題は）「誰《だれ》がゴーを出すか」のところだよな。つまり、「領空侵犯《しんぱん》する飛行機とかを『戦闘機で撃《う》ち落とせ！』と言えるのは、いったい誰か」ということだよね。まあ、こんなことは、何年か前ではちょっと考えられないことだったけどもね。

あるいは、「入ってきた船を撃沈《げきちん》せよ！」と言えるだけの人がいるか、いないか。安倍《あべ》さんに、それが言えるか、言えないか。

（矢内に向かって）言えるか？

矢内　安倍さんは言えないでしょうが、幸福実現党であれば言えます。

谷沢永一　うーん。石破《いしば》さんは言えるか？

矢内　言えないでしょう。

谷沢永一　国土交通大臣は、今、何党が持っているんだ？

矢内　公明党です。

谷沢永一　公明党が言えるのか？

矢内　絶対に言えないでしょうね。

谷沢永一　海上保安庁は、どこの管轄《かんかつ》だ？

矢内　国交省です。

谷沢永一　そうですねえ。そうすると、公明党が〝開戦〟できるのか？

矢内　できないでしょう。

谷沢永一　つまり、中国のご機嫌《きげん》を取るために、国交相《こっこうしょう》に公明党の議員を置いているんでしょう？「戦わない」という意思表示じゃないですか。でしょう？撃てないでしょう？

矢内　そういうことですね。

谷沢永一　公明党では、大砲《たいほう》（機関砲）は撃てないよね。機関銃《じゅう》も撃てない。なにせ、中国の「提灯持ち《ちょうちん》」をして、それを池田大作《いけだだいさく》の手柄《てがら》としているわけですからね。まあ、池田が死んだら、分からんけどね。ちょっと変わるかもしらん。

まあ、このへんのところに、問題が一つあると思っといたほうがいいよ。

次に海上自衛隊が出てくれば、担当が変わるから別だけど、少なくとも、このへんの世論《せろん》の盛り上げは要るわな。

悪役に見られても、「国防強化への世論《せろん》づくり」をやめるな

谷沢永一　あんたがたも、「国防ばかりですか？」と、すぐ訊《き》かれるんだろう？

矢内　はい。

谷沢永一　まあ、非常に人気のない政策だよな。

確かに、日本の教育から見て間違《まちが》っているように思えるよね。「平和憲法を守らないんですか？」というような感じで、非常に悪役に見えるだろうな。

でも、ここは、やっぱり、世論《せろん》をつくっていかないといけないところだね。

例えば、この前、事故のあった「原発」と「原爆《げんばく》」とは別なものだ。原爆は破壊するものだけど、原子力発電は、生産物をつくるためにも必要なものだわな。

君らは、それを見事に峻別《しゅんべつ》して考えたけど、そう考えられないのが国民たちだよ。

これに対して啓蒙《けいもう》は要る。

まあ、保守回帰はしたかもしらんけども、まだ脆弱《ぜいじゃく》で、いつ足をすくわれるか分からない。あっち（左翼《さよく》勢力）も、参院選前までに、「今の政権の足をすくって、『三分の二』は絶対に取れないように、少なくとも過半数に届かないように、何とかしてやりたい」と、いろいろな罠《わな》をかけてくるだろうな。

そのへんに対して、君らが新撰組《しんせんぐみ》のように〝斬《き》って〟いったら、自分らのためには何にもならず、自分らの〝隊士〟が次々と倒《たお》れていくようにしか見えないかもしれないけど、いちおう、それはやめちゃいけないね。

安倍《あべ》政権は夏の参院選を「景気対策」一本で乗り切る作戦

江夏　先生がご覧になって、「自民党と幸福実現党の違い」は、ずばり、何だと思われますか。

谷沢永一　ああ、分かっているよ。今、安倍《あべ》さんは、あんたがたが言っていることを全部やろうとして、取りかかっているけども、周りから攻撃《こうげき》を受け始めたら、（二〇一三年参議院の）選挙前には、もう「景気対策」一本に絞《しぼ》ってくるはずだ。たぶん、これ一本でくる。

今、予算を組んで、公共投資、公共工事をやり、それが効き始めてくるころだから、特に、春から夏にかけては、景気対策のほうに中心的に力を入れてくると思う。

たぶん、参院選は、事実上、「景気対策」で乗り切る。そういうもので、実際に景気がよくなってきたように見せることができたら、それで乗り切ろうとしてくると思う。

それ以外のところは批判を受けるので、どっちにでも取れるような、少しいい加減で曖昧《あいまい》な言い方をして、「反対」をできるだけ減らしている。

ＴＰＰ（環《かん》太平洋戦略的経済連携《れんけい》協定）についても、反対が出たら、（党内で）

揉《も》めているようにしたり、沖縄についても、いろいろと話をしているようにしたりと、何だかんだ言って、結局、「景気対策だけで参院選に勝とう」という戦略になる。最後は、たぶん、そこへ行くと思う。

もちろん、それは、あんたがたも言わなきゃいけないことではあるけども、それについては、言われなくても、自民党はやるだろう。

ただ、それ以外のところについては、スーッと、トーンが落ちてくるからね。ここのところは、やっぱり、見張りをかけないといけないわな。野党ではないかもしれないけども、「ここを忘れちゃあかん」というところは言わなければいけないし、マスコミへの啓蒙も続けないといけないね。

「領空・領海侵犯《しんぱん》には防衛権を発動する」と明言せよ

谷沢永一　だから、現実に尖閣の上空を領空侵犯《しんぱん》しているんだったら、本当は、パンと撃ち落としたって構わないわけですよ。

矢内　はい。

谷沢永一　（領空に）入っていないのなら、撃つとまずいかもしらんけどもね。要するに、今までの日本は、何も武器を持っていなかったから、自宅に強盗《ごうとう》が入ったとしても、素手《すで》で戦うしかなかった。これがアメリカだったら、みんな、家に拳銃《けんじゅう》を持っているよね。だから、家まで入ってきた強盗は、撃ち殺されても文句を言えない。それは、正当防衛で、完全無罪ですよね。

自衛隊だって、いちおう、正当防衛用につくった軍事組織ではあるわけだから、「国防軍」であろうが、「自衛隊」であろうが、名前は何であろうとも、これが軍隊組織であることは、国際的に見て当然なんです。

したがって、こちらのほうとしては、当然ながら、「領空侵犯、領海侵犯をした場合には、防衛権を発動する」というところを、きっちり言い続けないと駄目だね。

だから、「撃て！」ということだな。

矢内　はい。

谷沢永一　英語だったら、〝Fire!《ファイア》〟というやつだな。これは、やっぱり、言わなければいかん。撃たないで見過ごしたら、政府に対しても、批判をしなければいかんわな。

6　「正しい者」は強くあれ！

「愛される政党」「愛される候補者」となるには

加藤　谷沢先生、そろそろ最後の質問になるかと思うのですが、そうは申しましても、幸福実現党は、夏の参議院選で必ず議席を……。

谷沢永一　夏の参議院選？　五連敗目か。うーん。

加藤　いや、必ず勝ち抜《ぬ》いてまいりたいと思っております。

谷沢永一　君に関しては、五連敗目か。

加藤　(笑)あ、いえ……。

谷沢永一　もう六連敗か。五連敗か。

加藤　四連敗はいたしましたが……。

谷沢永一　まだ四連敗か。そうか。うーん。なかなか記録を伸《の》ばしとるなあ。

加藤　本日、「谷沢先生からお話を伺《うかが》える」ということで、本当にうれしく、感謝の思いでいっぱいでございます。

先生は、生前にも、「人間通《つう》」、もしくは、「人間学」「人物学」といったことを、非常によくおっしゃっていました。

谷沢永一　うん、そうだな。そこは、どうしても言わせたいか？

加藤　われわれ自身、すなわち幸福実現党の候補者や政党役員一同、長い目で見て、もう一段、「魅力《みりょく》のある人物」になっていくことも必要ですし、短期的にも必要だと思っております。

そういった意味で、本当に、「愛をより多く与《あた》える人間」が愛されるのではございますけれども、「より愛される政党」「より愛される候補者」となっていくために、先生から、何かアドバイスなり指針を頂ければありがたいのですが……。

谷沢永一　あきらめろ。

加藤　はい？

谷沢永一　あきらめろ。あきらめろ。

加藤　「あきらめろ」ですか。

谷沢永一　「愛されよう」と思ったら、それは、やっぱり迎合《げいごう》せざるをえない。だから、あきらめろ。
「愛されよう」と思うのをあきらめろ。そうではなく、正しさを追求せよ。
「正しい」ということを、みんなが知ったら、ついてくる。「正しい」と思ったら、それは投票するだろう。

国民に「正しいか、正しくないか」という〝踏《ふ》み絵〟を迫《せま》れ

谷沢永一　だから、やっぱり、「正しいか、正しくないか」を国民に問い続けることが大事だ。

「この言論は正しいか」「この社説は正しいか」「この政党の意見は正しいか。行動は正しいか」「中国の行動は正しいか」「韓国《かんこく》の言っていることは正しいか」「アメリカは正しいか」「ロシアは正しいか」――。

このように、「正しいか、正しくないか」の二分法で〝踏《ふ》み絵〟を迫《せま》っていく。「正しいものに（票を）入れない」ということに対しては、良心の呵責《かしゃく》を感じる。これが当然なんですよ。

「警察官と盗人《ぬすっと》の違《ちが》い」が分からないようだったら、人間をやめなきゃいけな

いですよ。これが、最低限の正しさの基準だな。

今は、「盗人が権利を主張している状態」だろう？ そういうことでしょう？ つまり、盗人が権利を主張して、警察官のほうが、「私には権限がないかもしれない」と言って怯《おび》えているような状態だ。「もし、警棒を振《ふ》るったら、『暴力警官』と記事に書かれて、免職《めんしょく》になるかもしれない」と怯えている。まあ、こんな状態が今の日本だな。

矢内　ええ、おっしゃるとおりです。中国は、もはや、「ヤクザ国家」そのものですから。

谷沢永一　そうです。ヤクザです。だから、警官は、犯人を見つけたら逮捕《たいほ》するし、ときには暴力を使う。それが正しいことだ。

共産主義の「暴力装置」に対抗《たいこう》する自衛の武器は必要

谷沢永一　まあ、前の民主党の何とか長官（仙谷由人《せんごくよしと》・元官房長官《かんぼう》）も、自衛隊を「暴力装置」と言っておったんだろうけど、昔から、憲法学では、そんな言い方をする左翼《さよく》系の学者が多いから、そのまま使ったんだろう。「暴力装置」と言って批判されたので、「はい、そうですか」と引っ込《こ》めたのかもしらんけども、共産主義そのものは、暴力によって成り立っているものだからね。

これは、マルクスだって、毛沢東《もうたくとう》だって、認めていることです。「革命は銃口《じゅうこう》から起きる。とにかく人殺しをしなかったら革命は起きない」というような考えなのでね。彼らは暴力を肯定《こうてい》しているから、基本的に、共産主義は「暴力装置」なんですよ。

これに対抗《たいこう》して自衛するためにも、暴力は必要で、そのための武器なわけだから、自衛隊を持っていても、使えないのなら意味がないよね。

だから、領海・領空侵犯《しんぱん》をしてきた場合には、情《なさ》け容赦《ようしゃ》なく、撃《う》つ。こちらが撃ち落とされてから反撃《はんげき》していたら、それは、向こうに戦果を挙げさせたのと、ほとんど同じだ。

「友好国との共同防衛」で覇権《はけん》国家を包囲せよ

谷沢永一　それから、日本の友好国に対しては、早く、「集団的自衛権」の拡張をすることだ。「日米が一緒《いっしょ》に戦う」などというのは当たり前のことで、アメリカとだけでなく、それ以外の国についても、友好関係を結んだところとは、共同で防衛に当たる。そういう覇権《はけん》国家に対しては、極論として、「共同的に防衛発動をするところまで踏み込む」と言っておいたほうがいい。
あとから、みんながついてくるから、そこまでは言わないといけない。

「フィリピンだって、ベトナムだって、周りの国が『日本と仲良くなりたい』と言うのなら、(日本は共同で)守ります。インドとだって仲良くなります。ロシアとだって仲良くなります」ということで、覇権国家に対しては、徹底《てってい》的に包囲して、「それは許さない」という態度を取ることだね。

「正しさを貫《つらぬ》く者」は男性からも女性からも愛される

谷沢永一(加藤に)だから、君ねえ、「愛されるかどうか」ということだけども、やっぱり、かっこよく、正義のために戦う人は愛されますよ、結果的にはね。「愛されよう」と思ってやったら、ダラーッとした色男みたいなものを目指してしまったりするからね。「こういうふうに眉《まゆ》を剃《そ》ったら、かっこいいんじゃないか」とか、そんなことを考え始めたら、もう終わりだ。

正しいことを貫《つらぬ》く者は、男からも女からも愛されるよ。それだけの頼《たの》もしさ、たくましさがあれば、愛される。「愛される」というのは、結果的についてくる言葉やから、「愛されよう」と思ってやったらあかんね。それは、間違いだ。だから、やっぱり、正しさが大事だ。「正しい者は強くなければいけない」という態度で押《お》していったほうがいいと思う。

中国には「孟子《もうし》」として生まれたことがある

谷沢永一　（幸福の科学は）今、思想的に中国を折伏《しゃくぶく》にかかっているんだろう？

今、（霊言《れいげん》で）儒教《じゅきょう》が出てきている理由も、実はそこにあると思うんだよ。

私は、前世《ぜんせ》の話として、江戸《えど》時代の話（儒学者の荻生徂徠《おぎゅうそらい》）を少ししましたけども、中国の時代にも生まれています。実は、「孟子《もうし》」として生まれているんですよ（会場どよめき）。

孟子が日本に生まれているんですから、孔孟《こうもう》の儒教は、もう日本に来ているんですよ。つまり、今はもう、本家がこちらに来ていて、その孟子が中国を批判しているわけです。
まあ、それはそうですよ。（中国は）「文化大革命」で儒教を弾圧《だんあつ》したからね。〝焚書坑儒《ふんしょこうじゅ》〟風に大弾圧した。あの国の今の考えは間違っていますよ。早く、これを「孔孟レベルの国家」に戻《もど》さなければいけない。今、二千五百年ほど後《おく》れている状態です。早く、「君子の国」にしなければ駄目《だめ》ですね。

「君らも〝次の孟子《もうし》〟ぐらいにはいける」と激励《げきれい》する谷沢霊《れい》

矢内　吉田松陰《よしだしょういん》先生も、孟子《もうし》様の儒学思想から行動を起こされました。
谷沢永一　うん、うん。

矢内　私も、今こうして、孟子様とお話しさせていただいているとは、本当に光栄です。

谷沢永一　孟子なんか、大して偉《えら》くないんだよ。あんなのは、〝金魚の糞《ふん》〟だからさ。孔子の〝金魚の糞〟みたいなものだから、別に、偉くないんだよ。それが孟子だから、何にも偉くないよ。

まあ、孟子なんていうのは、君らぐらいのレベルなんだ。大して変わらないんだよ。だから、君らは、〝次の孟子〟ぐらいにはいけるんだよ。どうってことはない。変わりゃしないよ。まあ、君らで十分、十分。

矢内　頑張《がんば》ります。

谷沢永一　うん。そのレベルにはいけるんだ。「後世に名が上がるかどうか」は、後世の人が言うことだ。今の時代の人に何と言われようと結構。今は、やるべきことを、ただ、やることが大事だな。

江夏　過分な「勇気の原理」を頂きまして、本当にありがとうございました。

7　迎合《げいごう》せずに「硬派《こうは》」で押《お》し通せ！

「宗教・教育・政治」を全部貫《つらぬ》いていくことが大事だ

谷沢永一　でもねえ、世の中は変わりつつあるよ。君らが思っている以上に、水面下では大きなうねりが起きている。

だから、意外に、「君らが断念するかどうか」ということにかかっているので、自分らで勇気を鼓舞《こぶ》しなければいけないし、やっぱり、信者・会員諸氏に対して、もう一段の支援《しえん》をお願いしないとね。彼らにも、「そういう使命があるのだ」ということを知ってもらうことが大事だ。

今、（幸福の科学グループでは）学園や大学もやっていると思うが、これだって、儒教《じゅきょう》精神から言えば、「学校」と「政治」は別のものではなく、一緒《いっしょ》なんだよ。同時にやらなきゃいけないものなんだ。「教育」と「政治」は一緒なんだよ。だから、「宗教・教育・政治」の全部を貫《つらぬ》いていくことが大事だと思うね。うん。それをやらなきゃいかんと私は思うね。

国体が引っ繰《く》り返るほど〝間口《まぐち》〟の広い幸福の科学の教え

矢内　本日は、本当にありがとうございます。

私たち幸福実現党、そして、幸福の科学グループの信者一同は、今日、お教えいただいたお話を土台にして、必ず行動し、本当の意味での「幸福維新《いしん》」「幸福実現革命」を成就《じょうじゅ》させてまいります。

特に、私は、自分の強みの部分である「正論を発する」ということに身命《しんみょう》を賭《と》して、党首が率先垂範《そっせんすいはん》させていただく覚悟《かくご》でございます。

谷沢永一　まあ、あとは、若い世代まで、行動派の人たちが続いていけば、世の中、ガーッと変わっていくんじゃないかな？

矢内　次の世代の若い人たちが、本当に思いっきり活動できるような土台、突破口《とっぱこう》を、私たちの段階で必ず開かせていただきたいと思っております。

谷沢永一　なんせ、君らは、〝間口《まぐち》〟がすごく広いからさ。これを認めるときには、国体から何から、全部、丸ごといってしまいそうなぐらいの大きさだから、(世間《せけん》が)これを、そんな簡単にすんなりと、全部、認めるわけにいかないのも分かるんだよ。「全部を認めると、全部が引っ繰《く》り返るかもしれない革命」なので、慎重《しんちょう》にならざるをえないのも分かるけどね。

でも、着実に前進しているよ、着実に。うん。

矢内　はい。幸福実現党は、三年余りの活動をさせていただくなかで、薄皮《うすかわ》を剝《は》ぐように、今、未来が透《す》けて見えてきております。この部分を、谷沢先生からお教えいただいた「正論」と「行動」によって、確実に突破いたします。

中国や韓国《かんこく》、北朝鮮《きたちょうせん》を「幸福の科学の思想」で攻《せ》め落とせ

谷沢永一　ああ、それからもう一つ。ちょっと言い忘れたけど、国際部門も、（対中国）包囲網《ほういもう》をつくる意味では、非常に大事なところだからね。「幸福の科学思想を海外にも広めていく」というのも、そうとう大事なことだと思うよ。これで、中国の周りを取り巻いていって……。

矢内　中国の包囲網をつくって……。

谷沢永一　中国や韓国《かんこく》、北朝鮮《きたちょうせん》の内部に、思想的に侵攻《しんこう》をかけていくことも、極《きわ》めて大事なことだ。

俺《おれ》が思うに、君らは国を救おうとしているんだからさ。実は、（日本の）国を救い、アジア諸国をも救おうとしているわけだ。

まあ、中国だって、人が替《か》わったとしても、同じことをやれなくもない。やっぱり、そういう（思想的な）かたちでの戦いで攻《せ》め落としていかないと、人が替わっても、また同じことをやられたら一緒だからね。

つまり、これは、「人一人の首を取れば済む」というものじゃないので、やっぱり、「思想戦」と「現実の支持者をつくっていくこと」で勝っていけばいいね。

矢内　はい。

谷沢永一　幸いにして、海外には、日本よりも受けがいいところも多いらしいから、まあ、そういうところも大事にしたほうがいいと思うね。

矢内　はい。まずは幸福実現党が率先垂範し、幸福の科学グループ全体で、必ず、主エル・カンターレの理想を実現できるように、全力を尽《つ》くしてまいります。

「自分たちが今、歴史を書いている」という自覚を持て

谷沢永一　うん。だから、私は、君らの、目先の、「半年後の参院選勝利」なんて、全然、気にもしていない。これには、何も戦意を持っていない。

ただ、あきらめないかぎり、この国も、アジアも、世界も、確実に変わるし、

「千年、二千年と遺《のこ》るものを、次の時代に遺さなければいけない」という使命感と、「自分らが書いているのは歴史なんだ。今、歴史を書いているのだ」ということを忘れてはいかん。

君らの活動が短く終わると、二、三行（の歴史）で終わっちゃうからね（笑）。気をつけないと、二、三行で終わっちゃうよ。だから、ある程度の長さはやらないと、日本史の教科書にも出てこないよ。やっぱり、頑張《がんば》っていかないとね。

いやあ、引っ繰り返ったらいいねえ。

正しさの基準なき「マスコミ世論《せろん》の迷妄《めいもう》」を打破せよ

谷沢永一　だけど、「現政権が、この思想についてきている」ということは、もう、そんなに時間はかからないかもしれない。これは、私みたいな学者が言うことではないから、あまり言えないけどね。

まあ、マスコミの世論《せろん》調査や、選挙の予想屋みたいなものが、「(夏の参院選で)○○党が○票、○議席取る」とか、もう一月の段階で出ているんだろう? これで、世間はそのとおりに動いているんだろう? こんな迷妄《めいもう》は打ち破らなきゃいけないね。彼らは、「正しさ」という基準など、全然考えてもいない。これは駄目《だめ》ですわ。これはもう駄目。だから、啓蒙《けいもう》をかけなければいかんということだな。

まあ、しっかりやったらいいわ。

四聖《しせい》を超《こ》えた教えが「世界革命」を起こす

谷沢永一　君らはねえ、僕《ぼく》より、全然、劣《おと》りはしないよ。孟子《もうし》は名前が遺っているかもしれないけど、やったことは、そんなに大して変わらないんだよ。こんなものなんだ。どうってことはないんだよ。

それから推《お》して、ここの教祖の偉大《いだい》さを知るといいよ。「どれだけ大きな教えを説いているか」ということをね。

孔子《こうし》やソクラテス、仏陀《ぶっだ》、イエスを全部まとめたよりも大きな教えを説いているからね。これは、本当は、すごい「世界革命」なんだよ。だから、「いつまでに起きるか」などということは、とてもじゃないけど言えないぐらい、長い影響《えいきょう》力《りょく》を及《およ》ぼすと思うね。

あれでしょう？　宇宙人まで信者にしようとしているぐらいなんでしょう？　すごいよね。

ご機嫌《きげん》取りなどせず、「硬派《こうは》」として筋を通せ

谷沢永一　まあ、辛口《からくち》の私が、これだけ持ち上げているんだからさ。まあ、落ちたときにはお尻《しり》が痛いかもしらんけど、今回の人生は一回きりやから、「信念を

貫く」というのも大事や。うん、そう思うな。

ちょっとねえ、前回の選挙では、最後のほうで、ややご機嫌《きげん》取りをしようとする動きが見えたな。一部、やや迎合《げいごう》をしようとした面が見えたところがある。だけど、そこは我慢《がまん》だ。ちょっと我慢しなきゃいけないね。やっぱり、硬派《こうは》は硬派で通したほうがいいと思うな。

いやあ、それは、別に、テレビやラジオ、新聞に出ることを「悪い」と言っているわけじゃないよ。出ても構わないけども、硬派は硬派として、筋を通したほうがいい。

だから、「芸能人のまねなんかするんじゃない」と、そういうことを、私はちょっと言っておきたいな。芸能人やタレント、あるいは、口八丁手八丁《くちはっちょうてはっちょう》の漫才家《まんざいか》みたいなまねをして、票を取ろうとする必要は、決してないからね。

まあ、それを言っておきたい。

江夏　はい。本日は、本当にありがとうございました。

谷沢永一　うんうん。じゃあ、頑張りたまえ。

江夏　非常に参考になりました。

矢内　ありがとうございました。

8　谷沢永一氏からの「応援《おうえん》」を得て

大川隆法　意外に、それほど厳しくはありませんでしたね。ただ、「厳しくなかった」と言いましても、「落ちろ！」というわけですから、政治家を目指す者にとっては、非常に厳しかったかもしれません。結論は、その一言で終わってしまったので、ある意味では厳しいのかもしれませんね。

要するに、これは、「利己心《りこしん》と名誉心《めいよしん》を排《はい》して、やり続けよ」と言っているのでしょう。「求めなくても、だんだん、応援団《おうえんだん》がついてくるのではないか」ということでしょうか。

今は、そのあたりが試《ため》されているのかもしれません。幸福の科学本体も頑張《がんば》りますから、幸福実現党も頑張っていきましょう。

でも、ここに出てきてくださること自体が、一つの応援ですね。これでまた、谷沢永一さんのファンである人たちが間接的に認知してくださるので、ありがたいことだと思います。

それでは、以上としましょう。

矢内　ありがとうございました。

あとがき

本書では初めて、谷沢永一氏の過去世が、日本の江戸時代に生まれた荻生徂徠《おぎゅうそらい》であり、古代中国では孟子《もうし》と呼ばれた儒教の本流に位置する人であることが明らかにされた。おそらく漢字文化に縁のある人だろうとは予想していたが、私たちにアドバイスしてきたこととあわせて、二度びっくりといったところだろう。

内容については、お読み頂ければその通りで、それ以上に自己宣伝《じこせんでん》するつもりはない。

正論を貫く意欲と、日々の精進《しょうじん》を誓うほかあるまい。

二〇一三年　二月七日

幸福実現党創立者兼総裁《こうふくじつげんとうそうりつしゃけんそうさい》　大川隆法《おおかわりゅうほう》

『幸福実現党に申し上げる』大川隆法著作関連書籍

『大悟の法』（幸福の科学出版刊）
『日本陽明学の祖 中江藤樹の霊言』（同右）
『平成の鬼平へのファイナル・ジャッジメント』（幸福実現党刊）
『百戦百勝の法則』――韓信流・勝てる政治家の条件――（同右）

幸福実現党《こうふくじつげんとう》に申《もう》し上《あ》げる ―谷沢永一の霊言―

2013年 2 月21日　初版第 1 刷

著　者　　大《おお》川《かわ》隆《りゅう》法《ほう》

発　行　　幸福実現党
〒107-0052 東京都港区赤坂 2 丁目10番 8 号
TEL(03)6441-0754

発　売　　幸福の科学出版株式会社
〒107-0052 東京都港区赤坂 2 丁目10番14号
TEL(03)5573-7700
http://www.irhpress.co.jp/

印刷・製本　株式会社 堀内印刷所

ISBN978-4-86395-303-1 C0030
Photo: 時事

大川隆法ベストセラーズ・時代を変革する精神

王陽明・自己革命への道
回天の偉業を目指して

明治維新の起爆剤となった「知行合一」の革命思想――。陽明学に隠された「神々の壮大な計画」を明かし、回天の偉業をなす精神革命を説く。

1,400円

朱子の霊言
時代を変革する思想家の使命

秩序の安定と変革、実学と霊界思想、そして、儒教思想に隠された神仏の計画……。南宋の思想家・朱子が語る「現代日本に必要な儒教精神」とは。

1,400円

日本陽明学の祖
中江藤樹の霊言

なぜ社会保障制度は行き詰まったのか!? なぜ学校教育は荒廃してしまったのか!? 日本が抱える問題を解決する鍵は、儒教精神のなかにある!

1,400円

※表示価格は本体価格(税別)です。

大川隆法ベストセラーズ・公開霊言シリーズ

宮澤喜一　元総理の霊言

戦後レジームからの脱却は可能か

失われた20年を招いた「バブル潰し」。自虐史観を加速させた「宮澤談話」──。宮澤喜一元総理が、その真相と自らの胸中を語る。
【幸福実現党刊】

1,400円

イスラム過激派に正義はあるのか

オサマ・ビン・ラディンの霊言に挑む

「アルジェリア人質事件」の背後には何があるのか──。死後も暗躍を続ける、オサマ・ビン・ラディンが語った「戦慄の事実」。

1,400円

安倍新総理スピリチュアル・インタビュー

復活総理の勇気と覚悟を問う

自民党政権に、日本を守り抜く覚悟はあるか!?　衆院選翌日、マスコミや国民がもっとも知りたい新総理の本心を問う、安倍氏守護霊インタビュー。
【幸福実現党刊】

1,400円

幸福の科学出版

大川隆法 ベストセラーズ・希望の未来を切り拓く

未来の法

新たなる地球世紀へ

序　章　勝利への道
——「思いの力」に目覚めよ

第 1 章　成功学入門
—— 理想を実現するための考え方

第 2 章　心が折れてたまるか
——「強い心」を発見すれば未来が変わる

第 3 章　積極的に生きる
—— 失敗を恐れず、チャレンジし続けよう

第 4 章　未来を創る力
—— 新しい時代を切り拓くために

第 5 章　希望の復活
—— さらなる未来の発展を目指して

2,000 円

法シリーズ 19作目

暗い世相に負けるな！ 悲観的な自己像に縛られるな！ 心に眠る「無限のパワー」に目覚めよ！ 人類の未来を拓く鍵は、私たち一人ひとりの心のなかにある。

教育の使命

世界をリードする人材の輩出を

わかりやすい切り口で、幸福の科学の教育思想が語られた一書。イジメ問題や、教育荒廃に対する最終的な答えが、ここにある。

1,800円

幸福実現党
THE HAPPINESS REALIZATION PARTY

党員大募集！

あなたも 幸福実現党 の党員になりませんか。

未来を創る「幸福実現党」を支え、ともに行動する仲間になろう！

党員になると

○幸福実現党の理念と綱領、政策に賛同する 18 歳以上の方なら、どなたでもなることができます。党費は、一人年間 5,000 円です。
○資格期間は、党費を入金された日から 1 年間です。
○党員には、幸福実現党の機関紙が送付されます。

申し込み書は、下記、幸福実現党公式サイトでダウンロードできます。

幸福実現党 本部　〒107-0052 東京都港区赤坂 2-10-8　TEL03-6441-0754　FAX03-6441-0764

幸福実現党のメールマガジン "HRP ニュースファイル" や "Happiness Letter" の登録ができます。

動画で見る幸福実現党―― 幸福実現ＴＶの紹介、党役員のブログの紹介も！

幸福実現党の最新情報や、政策が詳しくわかります！

幸福実現党公式サイト

http://www.hr-party.jp/

もしくは 幸福実現党 検索